Ivan Koesjnir

Economie van West-Afrika

Serie "Economie in landen"

eerst gepubliceerd: 2021
laatst bijgewerkt: 2021-02-02

Ivan Koesjnir. Economie van West-Afrika. Serie "Economie in landen". - 2021. - 71 pages.

Dit boek over de economie van West-Afrika van de jaren 1970 tot de jaren 2010. Brongegevens uit UN Data.

Grootte. In de jaren 2010 was het bruto binnenlands product van West-Afrika gelijk aan US$648,7 miljard per jaar; de waarde van de landbouw was US$142,1 miljard; de waarde van de industrie was US$132,7 miljard.

Productiviteit. In de jaren 2010 bedroeg het bruto binnenlands product per hoofd van de bevolking $1.864,5, de waarde van de landbouw per hoofd $408,3, de waarde van de industrie per hoofd $381,4. Omdat de productiviteit minder gemiddeld onder het gemiddelde ligt, wordt de economie geclassificeerd als minst ontwikkeld.

Groei. In de jaren 2010 bedroeg de groei van het bruto binnenlands product 3,6%; de groei van de landbouw was 3,8%; de groei van de industrie was 3,3%.

Structuur. In de jaren 2010 omvatte de economie van West-Afrika: diensten (23,7%), landbouw (22,6%), industrie (21,1%), handel (17,4%), vervoer (11,1%) en bouw (4,2%).

Uitvoer en invoer. In de jaren 2010 was de uitvoer 1,1% hoger dan de invoer, de netto-uitvoer was gelijk aan 0,23% van het BBP.

Consumptie en reproductie. De houding van reproductie ten opzichte van de consumptie is niet beter dan het mondiale gemiddelde, dus het aandeel van het BBP in de wereld zal niet toenemen.

Serie "Economie in landen": parallel.page.link/nl

ISBN: 9798701847130

Inhoud

Part I. Grootte 4

Hoofdstuk I. Bruto binnenlands product 5

Hoofdstuk II. Toegevoegde waarde 9

Hoofdstuk III. Bruto nationaal inkomen 13

Part II. Structuur 17

Hoofdstuk IV. Landbouw 18

Hoofdstuk V. Industrie 22

Hoofdstuk 5.1. Fabricage 26

Hoofdstuk VI. Constructie 30

Hoofdstuk VII. Vervoer 34

Hoofdstuk VIII. Handel 38

Hoofdstuk IX. Diensten 42

Part III. Externe betrekkingen 46

Hoofdstuk X. Uitvoer 47

Hoofdstuk XI. Invoer 51

Part IV. Verbruik 55

Hoofdstuk XII. Overheidsuitgaven 56

Hoofdstuk XIII. Huishoudelijke uitgaven 60

Hoofdstuk XIV. Voedsel consumptie 64

Part V. Reproductie 67

Hoofdstuk XV. Bruto-investeringen in vaste activa 68

Part I. Grootte

	de jaren 2010
BBP	US$648,7 miljard
Het aandeel in de wereld	0,83%
Het aandeel in Afrika	28,1%

Hoofdstuk I. Bruto binnenlands product

Het BBP van West-Afrika steeg van US$113,3 miljard per jaar in de jaren 1970 tot US$648,7 miljard per jaar in de jaren 2010, dat wil zeggen met US$535,4 miljard of 5,7 keer. De verandering vond plaats op US$261,8 miljard als gevolg van een 1,7-voudige stijging van de prijzen, en ook op US$56,4 miljard als gevolg van een 1,2-voudige toename van de productiviteit , evenals op US$217,2 miljard als gevolg van de toename van de bevolking. De gemiddelde jaarlijkse groei van het BBP is 3,4%. De minimumwaarde van het bruto binnenlands product bedroeg US$41,4 miljard in 1970. De maximumwaarde van het BBP bedroeg US$771,7 miljard in 2014.

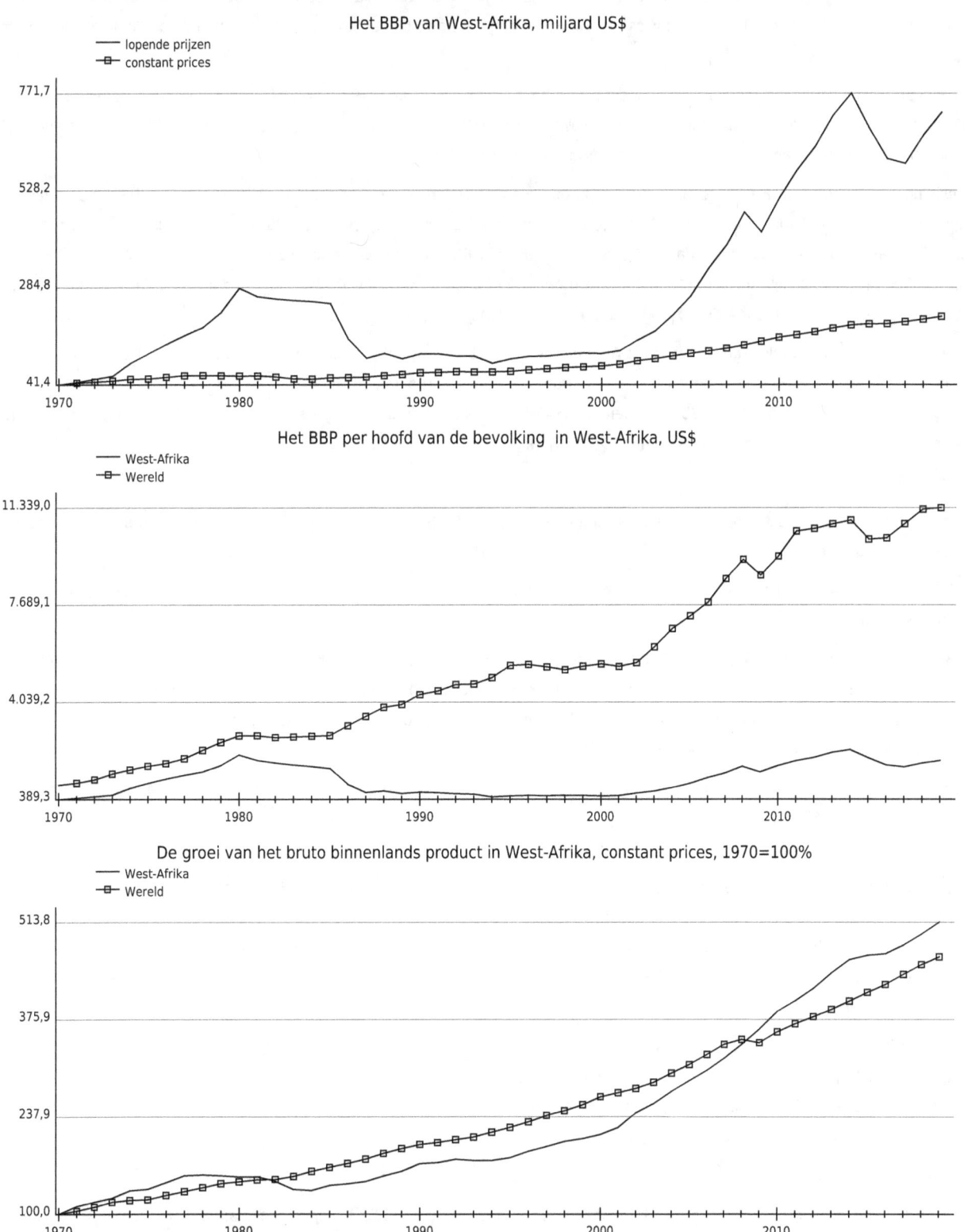

de jaren 1970

Het BBP van West-Afrika bedroeg in de jaren 1970 US$113,3 miljard per jaar, en was vergelijkbaar met Oceanië (US$115,2 miljard). Het aandeel in de wereld was 1,7%, en 42,6% in Afrika.

Het bruto binnenlands product van West-Afrika bestond uit: kapitaalvorming (72,6%), huishoudelijke uitgaven (20,1%) en overheidsuitgaven (3,8%).

Het BBP per hoofd in West-Afrika was $949,9 in de jaren 1970s, en was vergelijkbaar met Saint Kitts en Nevis (US$953,2), Algerije (US$936,2), Micronesië (US$934,6). Het BBP per hoofd in West-Afrika was 41,4% lager dan het bruto binnenlands product per hoofd van de bevolking in de wereld ($1.620,8), en was 46,5% hoger dan het bruto binnenlands product per hoofd van de bevolking in Afrika ($1.620,8).

De groei van het bruto binnenlands product in West-Afrika bedroeg 5% in de jaren 1970, en was vergelijkbaar met Ierland (4,9%), Mali (5,0%). De groei van het bruto binnenlands product in West-Afrika (5,0%) was groter dan de groei van het BBP in de wereld (4,1%), was groter dan de groei van het bruto binnenlands product in Afrika (4,5%).

Vergelijking met subregio's. Het bruto binnenlands product van West-Afrika was groter dan in Noord-Afrika (US$60,0 miljard), in Zuidelijk Afrika (US$36,8 miljard), in Oost-Afrika (US$34,1 miljard) en in Centraal-Afrika (US$21,8 miljard). Het BBP per hoofd in West-Afrika was in West-Afrika groter dan in Noord-Afrika (US$621,6), in Centraal-Afrika (US$479,8) en in Oost-Afrika (US$282,8); maar minder dan in Zuidelijk Afrika (US$1.304,3). De groei van het BBP in West-Afrika was groter dan in Zuidelijk Afrika (3,1%), in Oost-Afrika (3,0%) en in Centraal-Afrika (1,5%); maar minder dan in Noord-Afrika (6,7%).

Leiders. Het bruto binnenlands product van West-Afrika in de jaren 1970 bestond uit: Nigeria (82,1%), Ghana (4,4%), Ivoorkust (3,7%), Senegal (2,0%), Niger (1,2%), en andere (6,5%). Het bruto binnenlands product per hoofd in West-Afrika onder de leiders: Nigeria ($1.475,6), Ivoorkust ($672,0), Ghana ($511,9), Senegal ($473,8) en Niger ($256,3). De groei van het bruto binnenlands product onder de leiders: Ivoorkust (6,7%), Nigeria (5,3%), Senegal (2,3%), Niger (1,7%) en Ghana (0,66%).

de jaren 1980

Het bruto binnenlands product van West-Afrika bedroeg in de jaren 1980 US$203,7 miljard per jaar. Het aandeel in de wereld was 1,3%, en 37,9% in Afrika.

Het BBP van West-Afrika bestond uit: kapitaalvorming (58,0%), huishoudelijke uitgaven (35,3%), overheidsuitgaven (4,3%) en netto-uitvoer (1,0%).

Het BBP per hoofd in West-Afrika was $1.304,2 in de jaren 1980s, en was vergelijkbaar met de Marshalleilanden (US$1.297,8), Micronesië (US$1.311,6), de Dominicaanse Republiek (US$1.313,6). Het bruto binnenlands product per hoofd in West-Afrika was in 2,4 keer lager dan het bruto binnenlands product per hoofd van de bevolking in de wereld ($3.123,4), en was 31,3% hoger dan het bruto binnenlands product per hoofd van de bevolking in Afrika ($3.123,4).

De groei van het BBP in West-Afrika bedroeg 0.4% in de jaren 1980, en was vergelijkbaar met Madagaskar (0,40%). De groei van het BBP in West-Afrika (0,40%) was minder dan de groei van het bruto binnenlands product in de wereld (3,0%), was minder dan de groei van het bruto binnenlands product in Afrika (1,8%).

Vergelijking met subregio's. Het BBP van West-Afrika was groter dan in Noord-Afrika (US$143,4 miljard), in Zuidelijk Afrika (US$87,6 miljard), in Oost-Afrika (US$64,1 miljard) en in Centraal-Afrika (US$39,3 miljard). Het BBP per hoofd in West-Afrika was in West-Afrika groter dan in Noord-Afrika (US$1.136,5), in Centraal-Afrika (US$652,3) en in Oost-Afrika (US$394,7); maar minder dan in Zuidelijk Afrika (US$2,4 duizend). De groei van het BBP in West-Afrika was minder dan in Oost-Afrika (2,9%), in Centraal-Afrika (2,4%), in Zuidelijk Afrika (2,4%) en in Noord-Afrika (2,2%).

Leiders. Het bruto binnenlands product van West-Afrika in de jaren 1980 bestond uit: Nigeria (80,3%), Ghana (4,3%), Ivoorkust (4,3%), Senegal (2,3%), Niger (1,4%), en andere (7,4%). Het BBP per hoofd in West-Afrika onder de leiders: Nigeria ($1.976,7), Ivoorkust ($893,7), Senegal ($735,3), Ghana ($689,6) en Niger ($410,3). De groei van het BBP onder de leiders: Senegal (2,4%), Ghana (1,9%), Ivoorkust (0,49%), Nigeria (-0,051%) en Niger (-1,4%).

de jaren 1990

Het bruto binnenlands product van West-Afrika bedroeg in de jaren 1990 US$112,3 miljard per jaar, en was vergelijkbaar met Iran

(US$113,3 miljard). Het aandeel in de wereld was 0,39%, en 19,0% in Afrika.

Het bruto binnenlands product van West-Afrika bestond uit: huishoudelijke uitgaven (62,0%), kapitaalvorming (30,0%) en overheidsuitgaven (7,2%).

Het BBP per hoofd in West-Afrika was $551,5 in de jaren 1990s, en was vergelijkbaar met Guinee-Bissau (US$551,6), Irak (US$552,2), Centraal-Afrika (US$558,2). Het BBP per hoofd in West-Afrika was in 9,1 keer lager dan het bruto binnenlands product per hoofd van de bevolking in de wereld ($5.020,1), en was 33,8% lager dan het bruto binnenlands product per hoofd van de bevolking in Afrika ($5.020,1).

De groei van het BBP in West-Afrika bedroeg 2.5% in de jaren 1990, en was vergelijkbaar met Niger (2,5%), Zuid-Amerika (2,5%). De groei van het BBP in West-Afrika (2,5%) was minder dan de groei van het bruto binnenlands product in de wereld (2,8%), was groter dan de groei van het BBP in Afrika (2,4%).

Vergelijking met subregio's. Het bruto binnenlands product van West-Afrika was groter dan in Oost-Afrika (US$71,8 miljard) en in Centraal-Afrika (US$45,9 miljard); maar minder dan in Noord-Afrika (US$210,1 miljard) en in Zuidelijk Afrika (US$150,1 miljard). Het bruto binnenlands product per hoofd in West-Afrika was in West-Afrika groter dan in Oost-Afrika (US$332,4); maar minder dan in Zuidelijk Afrika (US$3,2 duizend), in Noord-Afrika (US$1.315,9) en in Centraal-Afrika (US$558,2). De groei van het BBP in West-Afrika was groter dan in Zuidelijk Afrika (1,6%) en in Centraal-Afrika (-0,36%); maar minder dan in Noord-Afrika (3,3%) en in Oost-Afrika (2,8%).

Leiders. Het BBP van West-Afrika in de jaren 1990 bestond uit: Nigeria (49,7%), Ghana (12,7%), Ivoorkust (10,2%), Senegal (6,2%), Guinee (4,2%), en andere (17,0%). Het bruto binnenlands product per hoofd in West-Afrika onder de leiders: Ghana ($846,9), Ivoorkust ($823,7), Senegal ($810,9), Guinee ($658,4) en Nigeria ($521,9). De groei van het bruto binnenlands product onder de leiders: Guinee (4,3%), Ghana (4,3%), Senegal (3,6%), Ivoorkust (2,6%) en Nigeria (2,2%).

de jaren 2000

Het BBP van West-Afrika bedroeg in de jaren 2000 US$267,1 miljard per jaar. Het aandeel in de wereld was 0,57%, en 24,0% in Afrika.

Het bruto binnenlands product van West-Afrika bestond uit: huishoudelijke uitgaven (65,3%), kapitaalvorming (24,2%), overheidsuitgaven (8,3%) en netto-uitvoer (2,7%).

Het bruto binnenlands product per hoofd in West-Afrika was $1.007,0 in de jaren 2000s, en was vergelijkbaar met Senegal (US$1.003,8), Kameroen (US$1.002,9). Het BBP per hoofd in West-Afrika was in 7,1 keer lager dan het bruto binnenlands product per hoofd van de bevolking in de wereld ($7.176,3), en was 18,0% lager dan het bruto binnenlands product per hoofd van de bevolking in Afrika ($7.176,3).

De groei van het bruto binnenlands product in West-Afrika bedroeg 5.8% in de jaren 2000, en was vergelijkbaar met Bangladesh (5,8%), Kaapverdië (5,8%), Georgië (5,8%). De groei van het BBP in West-Afrika (5,8%) was groter dan de groei van het BBP in de wereld (3,0%), was groter dan de groei van het BBP in Afrika (5,1%).

Vergelijking met subregio's. Het BBP van West-Afrika was groter dan in Zuidelijk Afrika (US$238,1 miljard), in Oost-Afrika (US$122,4 miljard) en in Centraal-Afrika (US$100,3 miljard); maar minder dan in Noord-Afrika (US$386,0 miljard). Het BBP per hoofd in West-Afrika was in West-Afrika groter dan in Centraal-Afrika (US$904,8) en in Oost-Afrika (US$428,9); maar minder dan in Zuidelijk Afrika (US$4,4 duizend) en in Noord-Afrika (US$2,0 duizend). De groei van het bruto binnenlands product in West-Afrika was groter dan in Oost-Afrika (5,5%), in Noord-Afrika (4,9%) en in Zuidelijk Afrika (3,6%); maar minder dan in Centraal-Afrika (6,5%).

Leiders. Het BBP van West-Afrika in de jaren 2000 bestond uit: Nigeria (67,3%), Ghana (8,4%), Ivoorkust (6,4%), Senegal (4,1%), Mali (2,3%), en andere (11,5%). Het bruto binnenlands product per hoofd in West-Afrika onder de leiders: Nigeria ($1.306,5), Ghana ($1.039,0), Senegal ($1.003,8), Ivoorkust ($932,7) en Mali ($487,5). De groei van het bruto binnenlands product onder de leiders: Mali (8,5%), Nigeria (7,6%), Ghana (5,3%), Senegal (3,5%) en Ivoorkust (0,69%).

de jaren 2010

Het BBP van West-Afrika bedroeg in de jaren 2010 US$648,7 miljard per jaar. Het aandeel in de wereld was 0,83%, en 28,1% in Afrika.

Het BBP van West-Afrika bestond uit: huishoudelijke uitgaven (72,7%), kapitaalvorming (19,5%) en overheidsuitgaven (8,5%).

Het bruto binnenlands product per hoofd in West-Afrika was $1.864,5 in de jaren 2010s, en was vergelijkbaar met Ivoorkust

(US$1.882,8), Soedan (US$1.833,1), Nicaragua (US$1.897,5). Het BBP per hoofd in West-Afrika was in 5,7 keer lager dan het bruto binnenlands product per hoofd van de bevolking in de wereld ($10.603,1), en was 5,8% lager dan het bruto binnenlands product per hoofd van de bevolking in Afrika ($10.603,1).

De groei van het bruto binnenlands product in West-Afrika bedroeg 3.6% in de jaren 2010, en was vergelijkbaar met de Verenigde Arabische Emiraten (3,6%), Litouwen (3,6%). De groei van het bruto binnenlands product in West-Afrika (3,6%) was groter dan de groei van het bruto binnenlands product in de wereld (3,1%), was groter dan de groei van het BBP in Afrika (2,9%).

Vergelijking met subregio's. Het BBP van West-Afrika was 64,8% groter dan in Zuidelijk Afrika (US$393,7 miljard), 2,1 keer groter dan in Oost-Afrika (US$314,4 miljard) en 2,7 keer groter dan in Centraal-Afrika (US$243,0 miljard); maar 9,0% minder dan in Noord-Afrika (US$712,8 miljard). Het BBP per hoofd in West-Afrika was in West-Afrika16,8% groter dan in Centraal-Afrika (US$1.595,9) en 2,3 keer groter dan in Oost-Afrika (US$818,3); maar 3,4 keer minder dan in Zuidelijk Afrika (US$6,3 duizend) en 42,1% minder dan in Noord-Afrika (US$3,2 duizend). De groei van het bruto binnenlands product in West-Afrika was groter dan in Centraal-Afrika (2,8%), in Zuidelijk Afrika (1,9%) en in Noord-Afrika (1,6%); maar minder dan in Oost-Afrika (6,1%).

Leiders. Het bruto binnenlands product van West-Afrika in de jaren 2010 bestond uit: Nigeria (69,2%), Ghana (8,7%), Ivoorkust (6,7%), Senegal (3,0%), Mali (2,2%), en andere (10,2%). Het BBP per hoofd in West-Afrika onder de leiders: Nigeria ($2.505,2), Ghana ($2.042,9), Ivoorkust ($1.882,8), Senegal ($1.368,7) en Mali ($815,6). De groei van het BBP onder de leiders: Mali (8,1%), Ghana (6,7%), Senegal (4,9%), Nigeria (3,6%) en Ivoorkust (-2,1%).

Hoofdstuk II. Toegevoegde waarde

De toegevoegde waarde van West-Afrika steeg van US$109,0 miljard per jaar in de jaren 1970 tot US$629,4 miljard per jaar in de jaren 2010, dat wil zeggen met US$520,4 miljard of 5,8 keer. De verandering vond plaats op US$280,3 miljard als gevolg van een 1,8-voudige stijging van de prijzen, en ook op US$31,1 miljard als gevolg van een 1,1-voudige toename van de productiviteit , evenals op US$209,0 miljard als gevolg van de toename van de bevolking. De gemiddelde jaarlijkse groei van de toegevoegde waarde is 3,3%. De minimumwaarde van de toegevoegde waarde bedroeg US$40,4 miljard in 1970. De maximumwaarde van de toegevoegde waarde bedroeg US$747,8 miljard in 2014.

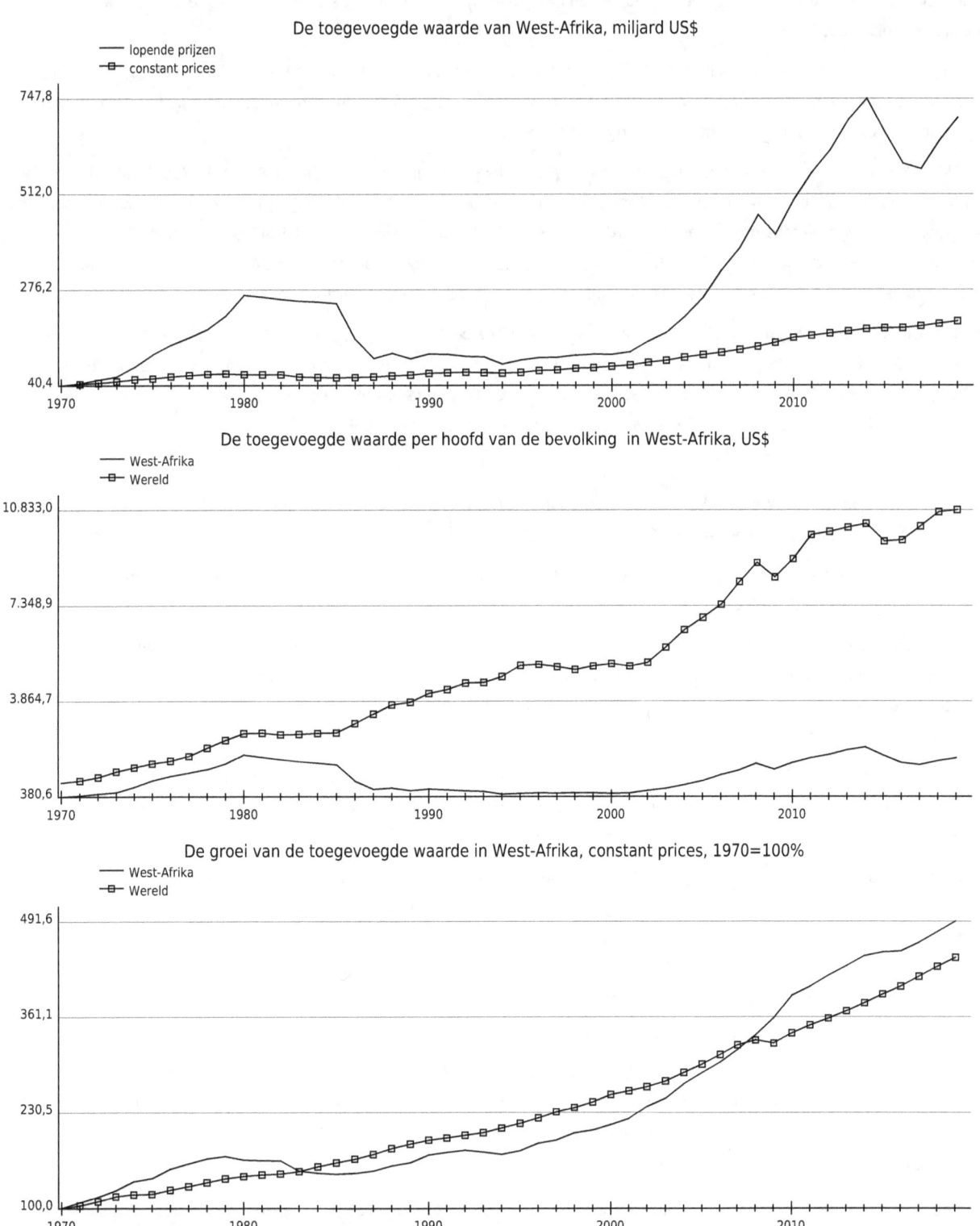

De toegevoegde waarde van West-Afrika, miljard US$

De toegevoegde waarde per hoofd van de bevolking in West-Afrika, US$

De groei van de toegevoegde waarde in West-Afrika, constant prices, 1970=100%

de jaren 1970

De toegevoegde waarde van West-Afrika bedroeg in de jaren 1970 US$109,0 miljard per jaar, en was vergelijkbaar met Oceanië (US$108,3 miljard). Het aandeel in de wereld was 1,7%, en 42,9% in Afrika.

De totale toegevoegde waarde van West-Afrika bestond uit: industrie (27,4%), diensten (24,2%), landbouw (18,5%), transport (11,6%), handel (10,7%) en bouw (7,6%).

De toegevoegde waarde per hoofd in West-Afrika was $914,0 in de jaren 1970s, en was vergelijkbaar met Micronesië (US$912,7), Brazilië (US$918,5), de Seychellen (US$907,5). De toegevoegde waarde per hoofd in West-Afrika was 41,6% lager dan de toegevoegde waarde per hoofd van de bevolking in de wereld ($1.564,4), en was 47,7% hoger dan de toegevoegde waarde per hoofd van de bevolking in Afrika ($1.564,4).

De groei van de toegevoegde waarde in West-Afrika bedroeg 6.1% in de jaren 1970, en was vergelijkbaar met Costa Rica (6,2%). De groei van de toegevoegde waarde in West-Afrika (6,1%) was groter dan de groei van de toegevoegde waarde in de wereld (3,9%), was groter dan de groei van de toegevoegde waarde in Afrika (4,9%).

Vergelijking met subregio's. De toegevoegde waarde van West-Afrika was groter dan in Noord-Afrika (US$56,8 miljard), in Zuidelijk Afrika (US$34,4 miljard), in Oost-Afrika (US$32,4 miljard) en in Centraal-Afrika (US$21,4 miljard). De toegevoegde waarde per hoofd in West-Afrika was in West-Afrika groter dan in Noord-Afrika (US$588,7), in Centraal-Afrika (US$470,6) en in Oost-Afrika (US$268,1); maar minder dan in Zuidelijk Afrika (US$1.220,6). De groei van de toegevoegde waarde in West-Afrika was groter dan in Oost-Afrika (3,1%), in Zuidelijk Afrika (2,7%) en in Centraal-Afrika (1,4%); maar minder dan in Noord-Afrika (6,7%).

Leiders. De toegevoegde waarde van West-Afrika in de jaren 1970 bestond uit: Nigeria (81,6%), Ghana (4,8%), Ivoorkust (3,7%), Senegal (1,9%), Guinee (1,2%), en andere (6,8%). De toegevoegde waarde per hoofd in West-Afrika onder de leiders: Nigeria ($1.411,1), Ivoorkust ($636,8), Ghana ($530,8), Senegal ($430,4) en Guinee ($294,9). De groei van de toegevoegde waarde onder de leiders: Ivoorkust (7,3%), Nigeria (7,0%), Guinee (3,0%), Senegal (2,2%) en Ghana (-0,45%).

de jaren 1980

De toegevoegde waarde van West-Afrika bedroeg in de jaren 1980 US$199,6 miljard per jaar, en was vergelijkbaar met Australië (US$203,3 miljard). Het aandeel in de wereld was 1,4%, en 38,8% in Afrika.

De totale toegevoegde waarde van West-Afrika bestond uit: industrie (28,2%), diensten (23,1%), landbouw (19,2%), vervoer (12,7%), handel (11,9%) en constructie (4,9%).

De toegevoegde waarde per hoofd in West-Afrika was $1.278,1 in de jaren 1980s, en was vergelijkbaar met de Dominicaanse Republiek (US$1.268,2), Libanon (US$1.297,0), Mauritius (US$1.253,3). De toegevoegde waarde per hoofd in West-Afrika was in 2,4 keer lager dan de toegevoegde waarde per hoofd van de bevolking in de wereld ($3.029,9), en was 34,7% hoger dan de toegevoegde waarde per hoofd van de bevolking in Afrika ($3.029,9).

De groei van de toegevoegde waarde in West-Afrika bedroeg -0.5% in de jaren 1980, en was vergelijkbaar met Bolivia (-0,53%). De groei van de toegevoegde waarde in West-Afrika (-0,53%) was minder dan de groei van de toegevoegde waarde in de wereld (2,9%), was minder dan de groei van de toegevoegde waarde in Afrika (1,2%).

Vergelijking met subregio's. De toegevoegde waarde van West-Afrika was groter dan in Noord-Afrika (US$136,8 miljard), in Zuidelijk Afrika (US$80,2 miljard), in Oost-Afrika (US$58,7 miljard) en in Centraal-Afrika (US$38,6 miljard). De toegevoegde waarde per hoofd in West-Afrika was in West-Afrika groter dan in Noord-Afrika (US$1.084,0), in Centraal-Afrika (US$640,6) en in Oost-Afrika (US$361,3); maar minder dan in Zuidelijk Afrika (US$2,2 duizend). De groei van de toegevoegde waarde in West-Afrika was minder dan in Oost-Afrika (2,9%), in Zuidelijk Afrika (2,5%), in Centraal-Afrika (2,4%) en in Noord-Afrika (1,4%).

Leiders. De toegevoegde waarde van West-Afrika in de jaren 1980 bestond uit: Nigeria (80,3%), Ghana (4,3%), Ivoorkust (4,2%), Senegal (2,2%), Guinee (1,5%), en andere (7,4%). De toegevoegde waarde per hoofd in West-Afrika onder de leiders: Nigeria ($1.937,3), Ivoorkust ($861,8), Senegal ($691,1), Ghana ($681,2) en Guinee ($550,6). De groei van de toegevoegde waarde onder de leiders: Guinee (2,8%), Senegal (2,5%), Ghana (1,5%), Nigeria (-0,0097%) en Ivoorkust (-2,9%).

de jaren 1990

De toegevoegde waarde van West-Afrika bedroeg in de jaren 1990 US$109,8 miljard per jaar, en was vergelijkbaar met Finland

(US$107,8 miljard), Iran (US$112,6 miljard). Het aandeel in de wereld was 0,40%, en 19,5% in Afrika.

De totale toegevoegde waarde van West-Afrika bestond uit: industrie (27,6%), landbouw (26,6%), diensten (20,2%), handel (16,9%), vervoer (5,9%) en bouw (2,8%).

De toegevoegde waarde per hoofd in West-Afrika was $539,3 in de jaren 1990s, en was vergelijkbaar met Guinee-Bissau (US$533,0), Bhutan (US$526,8), Centraal-Afrika (US$552,7). De toegevoegde waarde per hoofd in West-Afrika was in 8,9 keer lager dan de toegevoegde waarde per hoofd van de bevolking in de wereld ($4.799,9), en was 32,0% lager dan de toegevoegde waarde per hoofd van de bevolking in Afrika ($4.799,9).

De groei van de toegevoegde waarde in West-Afrika bedroeg 2.5% in de jaren 1990, en was vergelijkbaar met Fiji (2,4%), Zuid-Amerika (2,5%). De groei van de toegevoegde waarde in West-Afrika (2,5%) was minder dan de groei van de toegevoegde waarde in de wereld (2,7%), was groter dan de groei van de toegevoegde waarde in Afrika (2,3%).

Vergelijking met subregio's. De toegevoegde waarde van West-Afrika was groter dan in Oost-Afrika (US$67,2 miljard) en in Centraal-Afrika (US$45,5 miljard); maar minder dan in Noord-Afrika (US$202,1 miljard) en in Zuidelijk Afrika (US$137,2 miljard). De toegevoegde waarde per hoofd in West-Afrika was in West-Afrika groter dan in Oost-Afrika (US$311,3); maar minder dan in Zuidelijk Afrika (US$2,9 duizend), in Noord-Afrika (US$1.265,9) en in Centraal-Afrika (US$552,7). De groei van de toegevoegde waarde in West-Afrika was groter dan in Zuidelijk Afrika (1,5%) en in Centraal-Afrika (-0,78%); maar minder dan in Noord-Afrika (3,1%) en in Oost-Afrika (2,9%).

Leiders. De toegevoegde waarde van West-Afrika in de jaren 1990 bestond uit: Nigeria (50,3%), Ghana (12,6%), Ivoorkust (10,0%), Senegal (6,0%), Guinee (4,5%), en andere (16,6%). De toegevoegde waarde per hoofd in West-Afrika onder de leiders: Ghana ($822,3), Ivoorkust ($789,1), Senegal ($765,7), Guinee ($689,4) en Nigeria ($516,7). De groei van de toegevoegde waarde onder de leiders: Guinee (4,0%), Ghana (3,5%), Senegal (3,0%), Ivoorkust (2,6%) en Nigeria (2,2%).

de jaren 2000

De toegevoegde waarde van West-Afrika bedroeg in de jaren 2000 US$259,7 miljard per jaar, en was vergelijkbaar met Noorwegen (US$261,5 miljard). Het aandeel in de wereld was 0,59%, en 24,6% in Afrika.

De totale toegevoegde waarde van West-Afrika bestond uit: landbouw (26,9%), diensten (23,3%), industrie (22,7%), handel (16,4%), vervoer (7,4%) en bouw (3,3%).

De toegevoegde waarde per hoofd in West-Afrika was $979,0 in de jaren 2000s, en was vergelijkbaar met Mauritanië (US$974,2), Ghana (US$1.002,8). De toegevoegde waarde per hoofd in West-Afrika was in 7,0 keer lager dan de toegevoegde waarde per hoofd van de bevolking in de wereld ($6.818,0), en was 16,0% lager dan de toegevoegde waarde per hoofd van de bevolking in Afrika ($6.818,0).

De groei van de toegevoegde waarde in West-Afrika bedroeg 5.7% in de jaren 2000, en was vergelijkbaar met Bahrein (5,6%), Oezbekistan (5,7%). De groei van de toegevoegde waarde in West-Afrika (5,7%) was groter dan de groei van de toegevoegde waarde in de wereld (2,9%), was groter dan de groei van de toegevoegde waarde in Afrika (4,9%).

Vergelijking met subregio's. De toegevoegde waarde van West-Afrika was groter dan in Zuidelijk Afrika (US$215,3 miljard), in Oost-Afrika (US$112,9 miljard) en in Centraal-Afrika (US$98,3 miljard); maar minder dan in Noord-Afrika (US$370,7 miljard). De toegevoegde waarde per hoofd in West-Afrika was in West-Afrika groter dan in Centraal-Afrika (US$886,2) en in Oost-Afrika (US$395,5); maar minder dan in Zuidelijk Afrika (US$4,0 duizend) en in Noord-Afrika (US$1.947,7). De groei van de toegevoegde waarde in West-Afrika was groter dan in Oost-Afrika (5,2%), in Noord-Afrika (4,6%) en in Zuidelijk Afrika (3,5%); maar minder dan in Centraal-Afrika (6,2%).

Leiders. De toegevoegde waarde van West-Afrika in de jaren 2000 bestond uit: Nigeria (68,5%), Ghana (8,3%), Ivoorkust (6,0%), Senegal (3,9%), Mali (2,2%), en andere (11,1%). De toegevoegde waarde per hoofd in West-Afrika onder de leiders: Nigeria ($1.293,0), Ghana ($1.002,8), Senegal ($917,1), Ivoorkust ($862,0) en Mali ($448,3). De groei van de toegevoegde waarde onder de leiders: Mali (8,2%), Nigeria (7,6%), Ghana (5,4%), Senegal (3,7%) en Ivoorkust (1,1%).

de jaren 2010

De toegevoegde waarde van West-Afrika bedroeg in de jaren 2010 US$629,4 miljard per jaar. Het aandeel in de wereld was 0,85%, en 28,6% in Afrika.

De totale toegevoegde waarde van West-Afrika bestond uit: diensten (23,7%), landbouw (22,6%), industrie (21,1%), handel (17,4%), vervoer (11,1%) en bouw (4,2%).

De toegevoegde waarde per hoofd in West-Afrika was $1.809,1 in de jaren 2010s, en was vergelijkbaar met Laos (US$1.822,1), Soedan (US$1.839,0), Vietnam (US$1.843,5). De toegevoegde waarde per hoofd in West-Afrika was in 5,6 keer lager dan de toegevoegde waarde per hoofd van de bevolking in de wereld ($10.094,6), en was 4,1% lager dan de toegevoegde waarde per hoofd van de bevolking in Afrika ($10.094,6).

De groei van de toegevoegde waarde in West-Afrika bedroeg 3.2% in de jaren 2010, en was vergelijkbaar met Chili (3,2%). De groei van de toegevoegde waarde in West-Afrika (3,2%) was groter dan de groei van de toegevoegde waarde in de wereld (3,1%), was groter dan de groei van de toegevoegde waarde in Afrika (2,7%).

Vergelijking met subregio's. De toegevoegde waarde van West-Afrika was 77,7% groter dan in Zuidelijk Afrika (US$354,1 miljard), 2,2 keer groter dan in Oost-Afrika (US$291,4 miljard) en 2,6 keer groter dan in Centraal-Afrika (US$237,6 miljard); maar 9,0% minder dan in Noord-Afrika (US$691,4 miljard). De toegevoegde waarde per hoofd in West-Afrika was in West-Afrika16,0% groter dan in Centraal-Afrika (US$1.560,1) en 2,4 keer groter dan in Oost-Afrika (US$758,6); maar 3,1 keer minder dan in Zuidelijk Afrika (US$5,7 duizend) en 42,1% minder dan in Noord-Afrika (US$3,1 duizend). De groei van de toegevoegde waarde in West-Afrika was groter dan in Centraal-Afrika (2,9%), in Zuidelijk Afrika (1,9%) en in Noord-Afrika (1,3%); maar minder dan in Oost-Afrika (6,2%).

Leiders. De toegevoegde waarde van West-Afrika in de jaren 2010 bestond uit: Nigeria (70,7%), Ghana (8,3%), Ivoorkust (6,4%), Senegal (2,8%), Mali (2,1%), en andere (9,7%). De toegevoegde waarde per hoofd in West-Afrika onder de leiders: Nigeria ($2.482,7), Ghana ($1.897,8), Ivoorkust ($1.756,0), Senegal ($1.240,1) en Mali ($758,1). De groei van de toegevoegde waarde onder de leiders: Mali (8,4%), Ghana (7,1%), Senegal (4,8%), Nigeria (3,6%) en Ivoorkust (-4,3%).

Hoofdstuk III. Bruto nationaal inkomen

Het BNI van West-Afrika steeg van US$111,9 miljard per jaar in de jaren 1970 tot US$617,1 miljard per jaar in de jaren 2010, dat wil zeggen met US$505,3 miljard of 5,5 keer. De verandering vond plaats op US$248,6 miljard als gevolg van een 1,7-voudige stijging van de prijzen, en ook op US$42,2 miljard als gevolg van een 1,1-voudige toename van de productiviteit , evenals op US$214,5 miljard als gevolg van de toename van de bevolking. De gemiddelde jaarlijkse groei van het BNI is 3,3%. De minimumwaarde van het BNI bedroeg US$40,5 miljard in 1970. De maximumwaarde van het BNI bedroeg US$742,3 miljard in 2014.

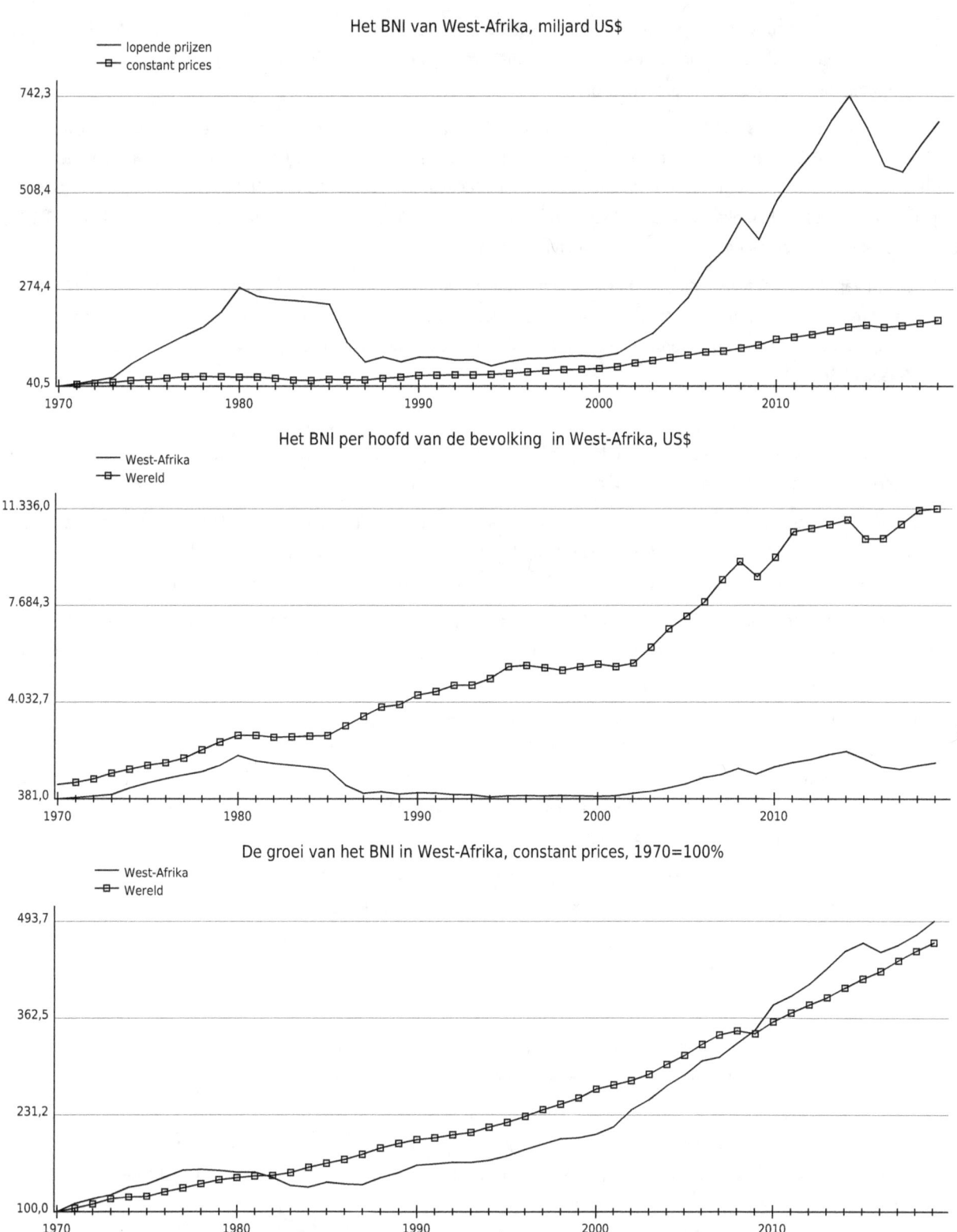

Het BNI van West-Afrika, miljard US$

Het BNI per hoofd van de bevolking in West-Afrika, US$

De groei van het BNI in West-Afrika, constant prices, 1970=100%

de jaren 1970

Het bruto nationaal inkomen van West-Afrika bedroeg in de jaren 1970 US$111,9 miljard per jaar, en was vergelijkbaar met Oceanië (US$113,8 miljard), Australazië (US$109,5 miljard). Het aandeel in de wereld was 1,7%, en 43,1% in Afrika.

Het BNI per hoofd in West-Afrika was $938,0 in de jaren 1970s, en was vergelijkbaar met Saint Kitts en Nevis (US$926,7), Brazilië (US$952,0), Algerije (US$919,0). Het bruto nationaal inkomen per hoofd in West-Afrika was 42,3% lager dan het bruto nationaal inkomen per hoofd van de bevolking in de wereld ($1.624,3), en was 48,3% hoger dan het bruto nationaal inkomen per hoofd van de bevolking in Afrika ($1.624,3).

De groei van het bruto nationaal inkomen in West-Afrika bedroeg 5.1% in de jaren 1970, en was vergelijkbaar met Rwanda (5,1%). De groei van het bruto nationaal inkomen in West-Afrika (5,1%) was groter dan de groei van het bruto nationaal inkomen in de wereld (4,1%), was groter dan de groei van het bruto nationaal inkomen in Afrika (4,7%).

Vergelijking met subregio's. Het bruto nationaal inkomen van West-Afrika was groter dan in Noord-Afrika (US$58,5 miljard), in Zuidelijk Afrika (US$34,9 miljard), in Oost-Afrika (US$33,2 miljard) en in Centraal-Afrika (US$21,1 miljard). Het BNI per hoofd in West-Afrika was in West-Afrika groter dan in Noord-Afrika (US$605,9), in Centraal-Afrika (US$463,7) en in Oost-Afrika (US$275,2); maar minder dan in Zuidelijk Afrika (US$1.235,7). De groei van het BNI in West-Afrika was groter dan in Zuidelijk Afrika (3,1%), in Oost-Afrika (2,8%) en in Centraal-Afrika (1,6%); maar minder dan in Noord-Afrika (7,0%).

Leiders. Het BNI van West-Afrika in de jaren 1970 bestond uit: Nigeria (82,3%), Ghana (4,4%), Ivoorkust (3,7%), Senegal (2,0%), Niger (1,2%), en andere (6,5%). Het BNI per hoofd in West-Afrika onder de leiders: Nigeria ($1.460,0), Ivoorkust ($647,9), Ghana ($507,0), Senegal ($463,1) en Niger ($253,2). De groei van het BNI onder de leiders: Ivoorkust (6,5%), Nigeria (5,4%), Senegal (2,5%), Niger (1,4%) en Ghana (0,86%).

de jaren 1980

Het bruto nationaal inkomen van West-Afrika bedroeg in de jaren 1980 US$197,0 miljard per jaar, en was vergelijkbaar met de Nederland (US$193,4 miljard). Het aandeel in de wereld was 1,3%, en 38,0% in Afrika.

Het BNI per hoofd in West-Afrika was $1.261,1 in de jaren 1980s, en was vergelijkbaar met Azië (US$1.233,8). Het bruto nationaal inkomen per hoofd in West-Afrika was in 2,5 keer lager dan het bruto nationaal inkomen per hoofd van de bevolking in de wereld ($3.117,1), en was 31,7% hoger dan het bruto nationaal inkomen per hoofd van de bevolking in Afrika ($3.117,1).

De groei van het bruto nationaal inkomen in West-Afrika bedroeg -0.2% in de jaren 1980. De groei van het bruto nationaal inkomen in West-Afrika (-0,19%) was minder dan de groei van het BNI in de wereld (3,0%), was minder dan de groei van het bruto nationaal inkomen in Afrika (1,6%).

Vergelijking met subregio's. Het BNI van West-Afrika was groter dan in Noord-Afrika (US$139,3 miljard), in Zuidelijk Afrika (US$83,1 miljard), in Oost-Afrika (US$62,0 miljard) en in Centraal-Afrika (US$37,5 miljard). Het bruto nationaal inkomen per hoofd in West-Afrika was in West-Afrika groter dan in Noord-Afrika (US$1.103,8), in Centraal-Afrika (US$621,8) en in Oost-Afrika (US$382,0); maar minder dan in Zuidelijk Afrika (US$2,3 duizend). De groei van het bruto nationaal inkomen in West-Afrika was minder dan in Oost-Afrika (3,0%), in Zuidelijk Afrika (2,5%), in Centraal-Afrika (2,1%) en in Noord-Afrika (2,1%).

Leiders. Het BNI van West-Afrika in de jaren 1980 bestond uit: Nigeria (80,6%), Ghana (4,4%), Ivoorkust (4,1%), Senegal (2,2%), Niger (1,4%), en andere (7,3%). Het bruto nationaal inkomen per hoofd in West-Afrika onder de leiders: Nigeria ($1.918,7), Ivoorkust ($822,8), Senegal ($684,8), Ghana ($678,6) en Niger ($402,2). De groei van het BNI onder de leiders: Ghana (1,7%), Senegal (1,5%), Ivoorkust (-0,18%), Nigeria (-0,79%) en Niger (-1,3%).

de jaren 1990

Het bruto nationaal inkomen van West-Afrika bedroeg in de jaren 1990 US$105,8 miljard per jaar, en was vergelijkbaar met Portugal (US$108,2 miljard). Het aandeel in de wereld was 0,37%, en 18,7% in Afrika.

Het BNI per hoofd in West-Afrika was $519,6 in de jaren 1990s, en was vergelijkbaar met Guinee-Bissau (US$517,3), Noord-Korea (US$525,8), Armenië (US$512,3). Het bruto nationaal inkomen per hoofd in West-Afrika was in 9,6 keer lager dan het bruto nationaal inkomen per hoofd van de bevolking in de wereld ($4.991,4), en was 35,0% lager dan het bruto nationaal inkomen per hoofd van de bevolking in Afrika ($4.991,4).

De groei van het bruto nationaal inkomen in West-Afrika bedroeg 2.7% in de jaren 1990, en was vergelijkbaar met Zuid-Amerika (2,7%), Denemarken (2,7%). De groei van het bruto nationaal inkomen in West-Afrika (2,7%) was minder dan de groei van het BNI in de wereld (2,8%), was groter dan de groei van het bruto nationaal inkomen in Afrika (2,5%).

Vergelijking met subregio's. Het bruto nationaal inkomen van West-Afrika was groter dan in Oost-Afrika (US$69,8 miljard) en in Centraal-Afrika (US$39,6 miljard); maar minder dan in Noord-Afrika (US$206,0 miljard) en in Zuidelijk Afrika (US$145,3 miljard). Het bruto nationaal inkomen per hoofd in West-Afrika was in West-Afrika groter dan in Centraal-Afrika (US$481,8) en in Oost-Afrika (US$323,0); maar minder dan in Zuidelijk Afrika (US$3,1 duizend) en in Noord-Afrika (US$1.289,8). De groei van het BNI in West-Afrika was groter dan in Zuidelijk Afrika (1,7%) en in Centraal-Afrika (-0,91%); maar minder dan in Noord-Afrika (3,4%) en in Oost-Afrika (2,9%).

Leiders. Het BNI van West-Afrika in de jaren 1990 bestond uit: Nigeria (48,6%), Ghana (13,2%), Ivoorkust (9,9%), Senegal (6,3%), Guinee (4,3%), en andere (17,7%). Het bruto nationaal inkomen per hoofd in West-Afrika onder de leiders: Ghana ($830,8), Senegal ($782,4), Ivoorkust ($750,0), Guinee ($637,3) en Nigeria ($481,1). De groei van het bruto nationaal inkomen onder de leiders: Guinee (4,8%), Ghana (4,2%), Senegal (4,1%), Ivoorkust (2,9%) en Nigeria (2,3%).

de jaren 2000

Het BNI van West-Afrika bedroeg in de jaren 2000 US$254,5 miljard per jaar, en was vergelijkbaar met Denemarken (US$252,3 miljard). Het aandeel in de wereld was 0,55%, en 23,7% in Afrika.

Het BNI per hoofd in West-Afrika was $959,5 in de jaren 2000s, en was vergelijkbaar met Senegal (US$957,8), Lesotho (US$955,3), Kameroen (US$980,1). Het bruto nationaal inkomen per hoofd in West-Afrika was in 7,5 keer lager dan het bruto nationaal inkomen per hoofd van de bevolking in de wereld ($7.165,2), en was 19,0% lager dan het bruto nationaal inkomen per hoofd van de bevolking in Afrika ($7.165,2).

De groei van het bruto nationaal inkomen in West-Afrika bedroeg 5.6% in de jaren 2000, en was vergelijkbaar met Mongolië (5,6%), Letland (5,6%), Kaapverdië (5,7%). De groei van het BNI in West-Afrika (5,6%) was groter dan de groei van het BNI in de wereld (3,0%), was groter dan de groei van het BNI in Afrika (5,1%).

Vergelijking met subregio's. Het BNI van West-Afrika was groter dan in Zuidelijk Afrika (US$231,8 miljard), in Oost-Afrika (US$120,4 miljard) en in Centraal-Afrika (US$87,8 miljard); maar minder dan in Noord-Afrika (US$379,9 miljard). Het bruto nationaal inkomen per hoofd in West-Afrika was in West-Afrika groter dan in Centraal-Afrika (US$791,4) en in Oost-Afrika (US$421,7); maar minder dan in Zuidelijk Afrika (US$4,3 duizend) en in Noord-Afrika (US$1.995,7). De groei van het BNI in West-Afrika was groter dan in Noord-Afrika (4,9%) en in Zuidelijk Afrika (3,8%); maar minder dan in Centraal-Afrika (6,6%) en in Oost-Afrika (5,8%).

Leiders. Het BNI van West-Afrika in de jaren 2000 bestond uit: Nigeria (66,4%), Ghana (8,7%), Ivoorkust (6,4%), Senegal (4,1%), Mali (2,3%), en andere (12,0%). Het BNI per hoofd in West-Afrika onder de leiders: Nigeria ($1.229,8), Ghana ($1.025,3), Senegal ($957,8), Ivoorkust ($893,3) en Mali ($472,3). De groei van het BNI onder de leiders: Mali (8,4%), Nigeria (7,5%), Ghana (5,4%), Senegal (3,4%) en Ivoorkust (1,1%).

de jaren 2010

Het bruto nationaal inkomen van West-Afrika bedroeg in de jaren 2010 US$617,1 miljard per jaar. Het aandeel in de wereld was 0,79%, en 27,6% in Afrika.

Het bruto nationaal inkomen per hoofd in West-Afrika was $1.773,8 in de jaren 2010s, en was vergelijkbaar met Soedan (US$1.745,6), Zuid-Azië (US$1.802,0). Het BNI per hoofd in West-Afrika was in 6,0 keer lager dan het bruto nationaal inkomen per hoofd van de bevolking in de wereld ($10.611,7), en was 7,3% lager dan het bruto nationaal inkomen per hoofd van de bevolking in Afrika ($10.611,7).

De groei van het bruto nationaal inkomen in West-Afrika bedroeg 3.6% in de jaren 2010, en was vergelijkbaar met Micronesië (3,6%), Chili (3,6%), Guatemala (3,6%). De groei van het BNI in West-Afrika (3,6%) was groter dan de groei van het BNI in de wereld (3,1%), was groter dan de groei van het BNI in Afrika (2,9%).

Vergelijking met subregio's. Het BNI van West-Afrika was 61,3% groter dan in Zuidelijk Afrika (US$382,7 miljard), 98,6% groter dan in Oost-Afrika (US$310,7 miljard) en 2,7 keer groter dan in Centraal-Afrika (US$225,9 miljard); maar 11,7% minder dan in Noord-Afrika (US$698,9 miljard). Het BNI per hoofd in West-Afrika was in West-Afrika19,6% groter dan in Centraal-Afrika (US$1.483,3) en 2,2 keer groter dan in Oost-Afrika (US$808,7); maar 3,5 keer minder dan in Zuidelijk Afrika (US$6,1 duizend) en 43,8% minder dan in Noord-Afrika (US$3,2 duizend). De groei van het BNI in West-Afrika was groter dan in Centraal-Afrika (3,5%), in Zuidelijk Afrika (1,8%) en in Noord-Afrika (1,6%); maar minder dan in Oost-Afrika (5,9%).

Leiders. Het bruto nationaal inkomen van West-Afrika in de jaren 2010 bestond uit: Nigeria (68,4%), Ghana (8,9%), Ivoorkust (6,8%), Senegal (3,1%), Mali (2,2%), en andere (10,6%). Het bruto nationaal inkomen per hoofd in West-Afrika onder de leiders: Nigeria ($2.357,5), Ghana ($1.991,2), Ivoorkust ($1.827,1), Senegal ($1.317,9) en Mali ($790,7). De groei van het bruto nationaal inkomen onder de leiders: Mali (8,1%), Ghana (6,6%), Senegal (5,2%), Nigeria (3,7%) en Ivoorkust (-2,0%).

Part II. Structuur

	de jaren 2010
landbouw	22,6%
industrie	21,1%
constructie	4,2%
handel	17,4%
vervoer	11,1%
diensten	23,7%

Hoofdstuk IV. Landbouw

Landbouw, jacht, bosbouw, vissen (ISIC A-B)

De landbouw van West-Afrika steeg van US$20,2 miljard per jaar in de jaren 1970 tot US$142,1 miljard per jaar in de jaren 2010, dat wil zeggen met US$121,9 miljard of 7,0 keer. De verandering vond plaats op US$53,4 miljard als gevolg van een 1,6-voudige stijging van de prijzen, en ook op US$29,8 miljard als gevolg van een 1,5-voudige toename van de productiviteit , evenals op US$38,7 miljard als gevolg van de toename van de bevolking. De gemiddelde jaarlijkse groei van de landbouw is 3,6%. De minimumwaarde van de landbouw bedroeg US$9,5 miljard in 1970. De maximumwaarde van de landbouw bedroeg US$160,2 miljard in 2019.

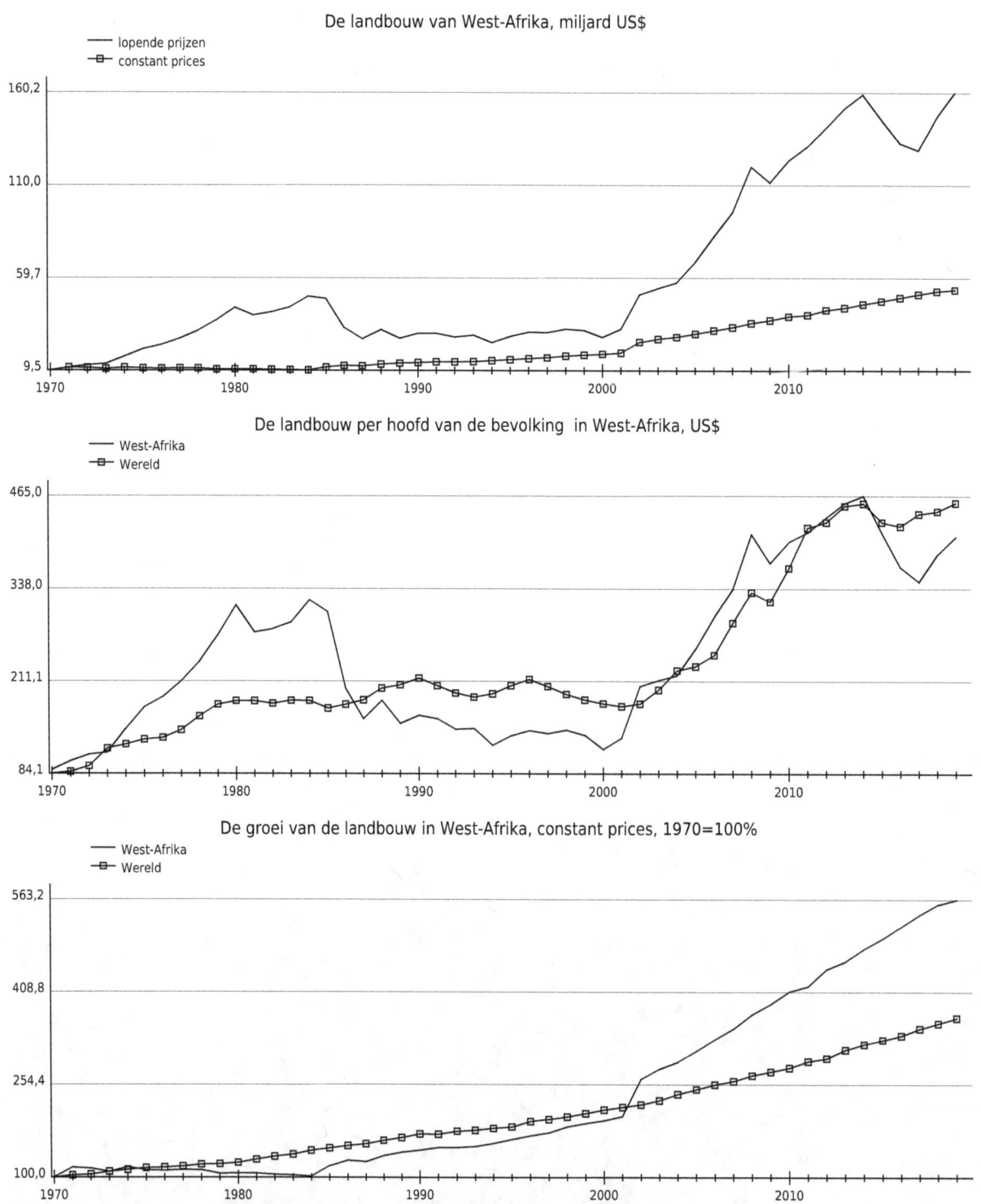

De landbouw van West-Afrika, miljard US$

De landbouw per hoofd van de bevolking in West-Afrika, US$

De groei van de landbouw in West-Afrika, constant prices, 1970=100%

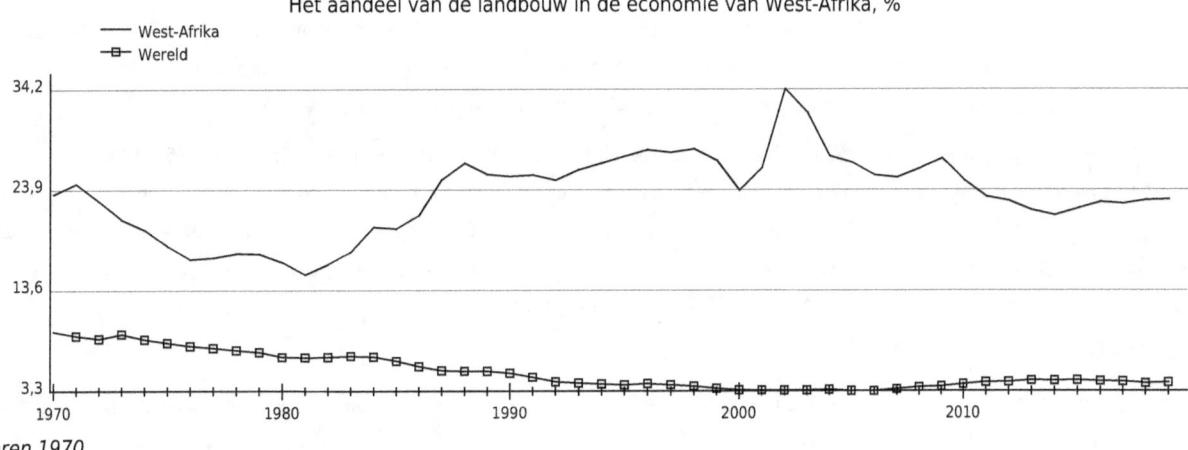

Het aandeel van de landbouw in de economie van West-Afrika, %

de jaren 1970

De waarde van de landbouw in West-Afrika bedroeg in de jaren 1970 US$20,2 miljard per jaar. Het aandeel in de wereld was 3,9%, en 43,8% in Afrika.

Het aandeel van de landbouw in de economie van West-Afrika was 18,5% in de jaren 1970.

De toegevoegde waarde van de landbouw per hoofd in West-Afrika was $169,1 in de jaren 1970s, en was vergelijkbaar met Zuid-Korea (US$170,0), Tonga (US$167,9), Melanesië (US$167,3). De toegevoegde waarde van de landbouw per hoofd in West-Afrika was 32,5% hoger dan de landbouw per hoofd van de bevolking in de wereld ($127,6), en was 50,7% hoger dan de landbouw per hoofd van de bevolking in Afrika ($127,6).

De groei van de landbouw in West-Afrika bedroeg 0.7% in de jaren 1970. De groei van de landbouw in West-Afrika (0,69%) was minder dan de groei van de landbouw in de wereld (2,2%), was minder dan de groei van de landbouw in Afrika (1,7%).

Vergelijking met subregio's. De toegevoegde waarde van de landbouw in West-Afrika was groter dan in Oost-Afrika (US$10,4 miljard), in Noord-Afrika (US$8,7 miljard), in Centraal-Afrika (US$4,2 miljard) en in Zuidelijk Afrika (US$2,6 miljard). De sector van de landbouw per hoofd in West-Afrika was in West-Afrika groter dan in Centraal-Afrika (US$92,1), in Zuidelijk Afrika (US$90,9), in Noord-Afrika (US$90,2) en in Oost-Afrika (US$86,3). De groei van de landbouw in West-Afrika was minder dan in Zuidelijk Afrika (3,9%), in Noord-Afrika (2,2%), in Oost-Afrika (2,0%) en in Centraal-Afrika (1,6%).

Leiders. De toegevoegde waarde van de landbouw in West-Afrika in de jaren 1970 bestond uit: Nigeria (67,4%), Ghana (9,9%), Ivoorkust (5,6%), Mali (2,8%), Niger (2,8%), en andere (11,5%). Het aandeel van de landbouw in economie van de leiders: Mali (72,2%), Niger (43,3%), Ghana (38,4%), Ivoorkust (27,9%) en Nigeria (15,3%). De toegevoegde waarde van de landbouw per hoofd in West-Afrika onder de leiders: Nigeria ($215,8), Ghana ($203,7), Ivoorkust ($177,6), Niger ($109,1) en Mali ($88,4). De groei van de landbouw onder de leiders: Ivoorkust (4,4%), Mali (4,0%), Ghana (1,1%), Nigeria (-0,069%) en Niger (-3,9%).

de jaren 1980

De sector van de landbouw in West-Afrika bedroeg in de jaren 1980 US$38,3 miljard per jaar. Het aandeel in de wereld was 4,2%, en 44,4% in Afrika.

Het aandeel van de landbouw in de economie van West-Afrika was 19,2% in de jaren 1980, en was vergelijkbaar met Zuidoost-Azië (19,2%), Ecuador (19,2%).

De sector van de landbouw per hoofd in West-Afrika was $245,3 in de jaren 1980s, en was vergelijkbaar met Zuidwest-Azië (US$243,6), Guinee-Bissau (US$248,7), Barbados (US$248,7). De sector van de landbouw per hoofd in West-Afrika was 31,5% hoger dan de landbouw per hoofd van de bevolking in de wereld ($186,6), en was 54,1% hoger dan de landbouw per hoofd van de bevolking in Afrika ($186,6).

De groei van de landbouw in West-Afrika bedroeg 2.9% in de jaren 1980, en was vergelijkbaar met de Federale Staten van Micronesië (2,9%), de Bahama's (2,9%). De groei van de landbouw in West-Afrika (2,9%) was minder dan de groei van de landbouw in de wereld (3,1%), was groter dan de groei van de landbouw in Afrika (2,8%).

Vergelijking met subregio's. De waarde van de landbouw in West-Afrika was groter dan in Oost-Afrika (US$18,6 miljard), in

Noord-Afrika (US$17,4 miljard), in Centraal-Afrika (US$7,3 miljard) en in Zuidelijk Afrika (US$4,6 miljard). De sector van de landbouw per hoofd in West-Afrika was in West-Afrika groter dan in Noord-Afrika (US$137,8), in Zuidelijk Afrika (US$124,5), in Centraal-Afrika (US$121,7) en in Oost-Afrika (US$114,5). De groei van de landbouw in West-Afrika was groter dan in Oost-Afrika (2,6%) en in Centraal-Afrika (2,0%); maar minder dan in Zuidelijk Afrika (3,1%) en in Noord-Afrika (3,1%).

Leiders. De toegevoegde waarde van de landbouw in West-Afrika in de jaren 1980 bestond uit: Nigeria (67,9%), Ghana (9,0%), Ivoorkust (6,5%), Niger (2,4%), Senegal (2,2%), en andere (12,0%). Het aandeel van de landbouw in economie van de leiders: Ghana (39,9%), Niger (33,7%), Ivoorkust (29,7%), Senegal (18,7%) en Nigeria (16,2%). De landbouw per hoofd in West-Afrika onder de leiders: Nigeria ($314,5), Ghana ($271,9), Ivoorkust ($256,0), Niger ($137,0) en Senegal ($129,1). De groei van de landbouw onder de leiders: Ivoorkust (5,1%), Nigeria (3,1%), Niger (1,6%), Ghana (0,76%) en Senegal (-0,12%).

de jaren 1990

De sector van de landbouw in West-Afrika bedroeg in de jaren 1990 US$29,2 miljard per jaar, en was vergelijkbaar met Noord-Afrika (US$29,4 miljard). Het aandeel in de wereld was 2,6%, en 30,6% in Afrika.

Het aandeel van de landbouw in de economie van West-Afrika was 26,6% in de jaren 1990, en was vergelijkbaar met Haïti (26,6%), Tadzjikistan (26,6%), Azerbeidzjan (26,7%).

De toegevoegde waarde van de landbouw per hoofd in West-Afrika was $143,3 in de jaren 1990s, en was vergelijkbaar met de Centraal-Afrikaanse Republiek (US$143,6), Qatar (US$142,2), Palestina (US$144,4). De toegevoegde waarde van de landbouw per hoofd in West-Afrika was 28,3% lager dan de landbouw per hoofd van de bevolking in de wereld ($199,8), en was 6,5% hoger dan de landbouw per hoofd van de bevolking in Afrika ($199,8).

De groei van de landbouw in West-Afrika bedroeg 3% in de jaren 1990, en was vergelijkbaar met Guatemala (3,0%), de Maldiven (3,0%), Guinee-Bissau (3,0%). De groei van de landbouw in West-Afrika (3,0%) was groter dan de groei van de landbouw in de wereld (2,2%), was groter dan de groei van de landbouw in Afrika (2,8%).

Vergelijking met subregio's. De sector van de landbouw in West-Afrika was groter dan in Oost-Afrika (US$20,6 miljard), in Centraal-Afrika (US$10,3 miljard) en in Zuidelijk Afrika (US$5,8 miljard); maar minder dan in Noord-Afrika (US$29,4 miljard). De landbouw per hoofd in West-Afrika was in West-Afrika groter dan in Centraal-Afrika (US$125,3), in Zuidelijk Afrika (US$124,6) en in Oost-Afrika (US$95,3); maar minder dan in Noord-Afrika (US$184,3). De groei van de landbouw in West-Afrika was groter dan in Oost-Afrika (2,8%), in Centraal-Afrika (0,43%) en in Zuidelijk Afrika (-0,15%); maar minder dan in Noord-Afrika (3,8%).

Leiders. De toegevoegde waarde van de landbouw in West-Afrika in de jaren 1990 bestond uit: Nigeria (46,7%), Ghana (14,5%), Ivoorkust (10,3%), Senegal (4,0%), Mali (4,0%), en andere (20,6%). Het aandeel van de landbouw in economie van de leiders: Mali (41,0%), Ghana (30,6%), Ivoorkust (27,2%), Nigeria (24,7%) en Senegal (17,7%). De toegevoegde waarde van de landbouw per hoofd in West-Afrika onder de leiders: Ghana ($251,3), Ivoorkust ($214,7), Senegal ($135,9), Nigeria ($127,4) en Mali ($122,6). De groei van de landbouw onder de leiders: Mali (7,6%), Nigeria (3,5%), Senegal (3,0%), Ghana (2,9%) en Ivoorkust (2,1%).

de jaren 2000

De sector van de landbouw in West-Afrika bedroeg in de jaren 2000 US$69,8 miljard per jaar, en was vergelijkbaar met Oost-Europa (US$71,1 miljard). Het aandeel in de wereld was 4,5%, en 42,3% in Afrika.

Het aandeel van de landbouw in de economie van West-Afrika was 26,9% in de jaren 2000, en was vergelijkbaar met Burkina Faso (26,9%), Tanzania (26,8%), Nigeria (26,8%).

De waarde van de landbouw per hoofd in West-Afrika was $263,3 in de jaren 2000s, en was vergelijkbaar met Paraguay (US$263,9), Bulgarije (US$264,4), Centraal-Azië (US$262,0). De waarde van de landbouw per hoofd in West-Afrika was 9,6% hoger dan de landbouw per hoofd van de bevolking in de wereld (US$240,3), en was 44,7% hoger dan de landbouw per hoofd van de bevolking in Afrika ($240,3).

De groei van de landbouw in West-Afrika bedroeg 7.4% in de jaren 2000, en was vergelijkbaar met Kosovo (7,4%). De groei van de landbouw in West-Afrika (7,4%) was groter dan de groei van de landbouw in de wereld (3,0%), was groter dan de groei van de landbouw in Afrika (5,1%).

Vergelijking met subregio's. De sector van de landbouw in West-Afrika was groter dan in Noord-Afrika (US$47,0 miljard), in Oost-Afrika (US$30,1 miljard), in Centraal-Afrika (US$10,8 miljard) en in Zuidelijk Afrika (US$7,2 miljard). De landbouw per hoofd in West-Afrika was in West-Afrika groter dan in Noord-Afrika (US$247,1), in Zuidelijk Afrika (US$132,3), in Oost-Afrika (US$105,3) en in Centraal-Afrika (US$97,8). De groei van de landbouw in West-Afrika was groter dan in Noord-Afrika (4,4%), in Centraal-Afrika (3,5%), in Oost-Afrika (3,3%) en in Zuidelijk Afrika (2,3%).

Leiders. De sector van de landbouw in West-Afrika in de jaren 2000 bestond uit: Nigeria (68,2%), Ghana (8,9%), Ivoorkust (5,7%), Mali (2,7%), Niger (2,4%), en andere (12,0%). Het aandeel van de landbouw in economie van de leiders: Niger (40,2%), Mali (33,6%), Ghana (28,8%), Nigeria (26,8%) en Ivoorkust (25,6%). De sector van de landbouw per hoofd in West-Afrika onder de leiders: Nigeria ($346,4), Ghana ($288,6), Ivoorkust ($220,4), Mali ($150,5) en Niger ($125,3). De groei van de landbouw onder de leiders: Nigeria (10,1%), Mali (7,5%), Ghana (4,5%), Niger (3,9%) en Ivoorkust (0,63%).

de jaren 2010

De landbouw van West-Afrika bedroeg in de jaren 2010 US$142,1 miljard per jaar. Het aandeel in de wereld was 4,5%, en 41,3% in Afrika.

Het aandeel van de landbouw in de economie van West-Afrika was 22,6% in de jaren 2010.

De landbouw per hoofd in West-Afrika was $408,3 in de jaren 2010s, en was vergelijkbaar met Bhutan (US$414,6), Kenia (US$415,4), Rusland (US$416,5). De landbouw per hoofd in West-Afrika was 5,5% lager dan de landbouw per hoofd van de bevolking in de wereld ($432,1), en was 38,8% hoger dan de landbouw per hoofd van de bevolking in Afrika ($432,1).

De groei van de landbouw in West-Afrika bedroeg 3.8% in de jaren 2010, en was vergelijkbaar met Congo (3,8%), Bangladesh (3,8%), Zuid-Azië (3,8%). De groei van de landbouw in West-Afrika (3,8%) was groter dan de groei van de landbouw in de wereld (2,9%), was groter dan de groei van de landbouw in Afrika (3,7%).

Vergelijking met subregio's. De landbouw van West-Afrika was 60,7% groter dan in Noord-Afrika (US$88,4 miljard), 84,1% groter dan in Oost-Afrika (US$77,2 miljard), 5,3 keer groter dan in Centraal-Afrika (US$26,6 miljard) en 14,8 keer groter dan in Zuidelijk Afrika (US$9,6 miljard). De landbouw per hoofd in West-Afrika was in West-Afrika2,3% groter dan in Noord-Afrika (US$399,3), 2,0 keer groter dan in Oost-Afrika (US$200,8), 2,3 keer groter dan in Centraal-Afrika (US$174,5) en 2,7 keer groter dan in Zuidelijk Afrika (US$153,9). De groei van de landbouw in West-Afrika was groter dan in Noord-Afrika (3,3%) en in Zuidelijk Afrika (0,28%); maar minder dan in Centraal-Afrika (4,6%) en in Oost-Afrika (4,2%).

Leiders. De landbouw van West-Afrika in de jaren 2010 bestond uit: Nigeria (67,4%), Ghana (8,1%), Ivoorkust (6,1%), Mali (3,6%), Niger (2,6%), en andere (12,2%). Het aandeel van de landbouw in economie van de leiders: Mali (39,1%), Niger (37,4%), Ghana (22,0%), Nigeria (21,5%) en Ivoorkust (21,4%). De waarde van de landbouw per hoofd in West-Afrika onder de leiders: Nigeria ($534,6), Ghana ($417,0), Ivoorkust ($374,9), Mali ($296,2) en Niger ($185,9). De groei van de landbouw onder de leiders: Mali (9,7%), Niger (7,1%), Nigeria (3,6%), Ghana (3,6%) en Ivoorkust (0,32%).

Hoofdstuk V. Industrie

Mijnbouw, productie, nutsbedrijven (ISIC C-E)

De waarde van de industrie in West-Afrika steeg van US$29,9 miljard per jaar in de jaren 1970 tot US$132,7 miljard per jaar in de jaren 2010, dat wil zeggen met US$102,8 miljard of 4,4 keer. De verandering vond plaats op US$78,6 miljard als gevolg van een 2,5-voudige stijging van de prijzen, en ook op -US$33,0 miljard als gevolg van een 1,6-voudige afname van de productiviteit , evenals op US$57,2 miljard als gevolg van de toename van de bevolking. De gemiddelde jaarlijkse groei van de industrie is 2,3%. De minimumwaarde van de industrie bedroeg US$9,0 miljard in 1970. De maximumwaarde van de industrie bedroeg US$161,1 miljard in 2014.

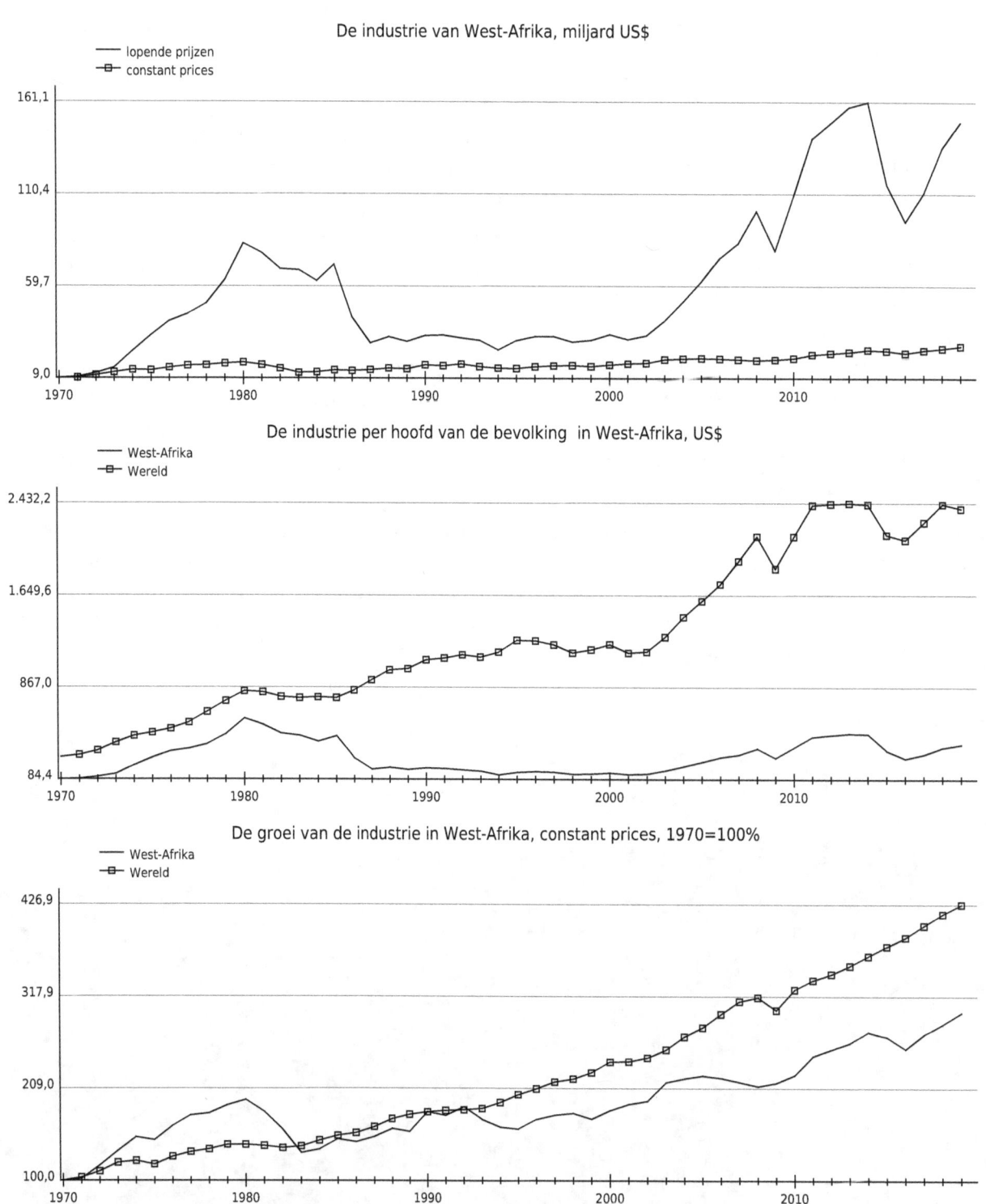

De industrie van West-Afrika, miljard US$

De industrie per hoofd van de bevolking in West-Afrika, US$

De groei van de industrie in West-Afrika, constant prices, 1970=100%

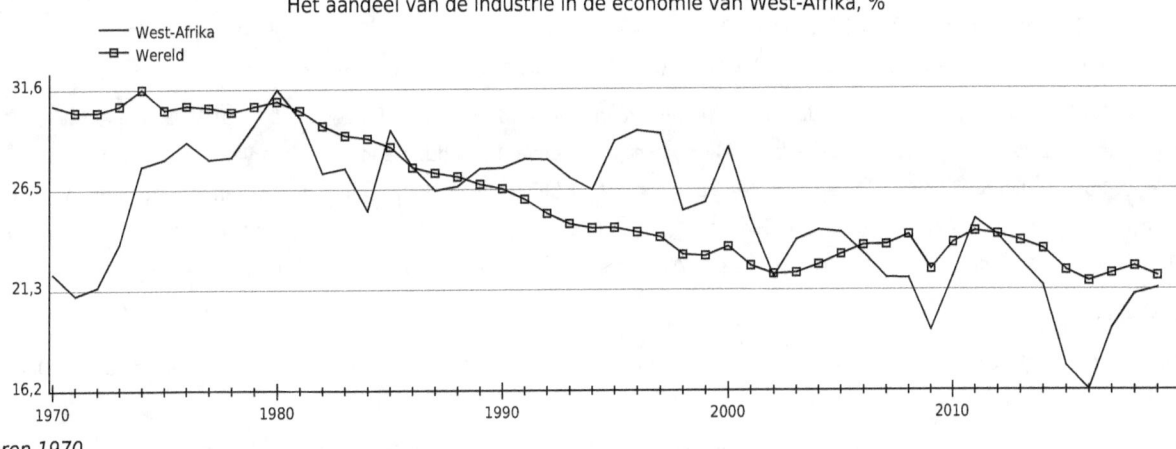

Het aandeel van de industrie in de economie van West-Afrika, %

de jaren 1970

De sector van de industrie in West-Afrika bedroeg in de jaren 1970 US$29,9 miljard per jaar, en was vergelijkbaar met Spanje (US$29,8 miljard), Oceanië (US$30,2 miljard), Australazië (US$29,4 miljard). Het aandeel in de wereld was 1,5%, en 40,1% in Afrika.

Het aandeel van de industrie in de economie van West-Afrika was 27,4% in de jaren 1970, en was vergelijkbaar met Amerika (27,4%), Sri Lanka (27,3%), Zuidoost-Azië (27,2%).

De industrie per hoofd in West-Afrika was $250,3 in de jaren 1970s, en was vergelijkbaar met de Turks- en Caicoseilanden (US$249,9). De sector van de industrie per hoofd in West-Afrika was 47,9% lager dan de industrie per hoofd van de bevolking in de wereld ($480,5), en was 38,1% hoger dan de industrie per hoofd van de bevolking in Afrika ($480,5).

De groei van de industrie in West-Afrika bedroeg 7.3% in de jaren 1970, en was vergelijkbaar met de Maldiven (7,2%), Griekenland (7,3%), Libië (7,3%). De groei van de industrie in West-Afrika (7,3%) was groter dan de groei van de industrie in de wereld (4,0%), was groter dan de groei van de industrie in Afrika (5,5%).

Vergelijking met subregio's. De industrie van West-Afrika was groter dan in Noord-Afrika (US$19,9 miljard), in Zuidelijk Afrika (US$12,2 miljard), in Oost-Afrika (US$6,8 miljard) en in Centraal-Afrika (US$5,6 miljard). De toegevoegde waarde van de industrie per hoofd in West-Afrika was in West-Afrika groter dan in Noord-Afrika (US$205,8), in Centraal-Afrika (US$122,8) en in Oost-Afrika (US$56,5); maar minder dan in Zuidelijk Afrika (US$434,0). De groei van de industrie in West-Afrika was groter dan in Noord-Afrika (6,9%), in Oost-Afrika (3,9%), in Zuidelijk Afrika (1,5%) en in Centraal-Afrika (1,4%).

Leiders. De toegevoegde waarde van de industrie in West-Afrika in de jaren 1970 bestond uit: Nigeria (86,0%), Ghana (4,7%), Ivoorkust (1,9%), Senegal (1,5%), Guinee (1,0%), en andere (4,8%). Het aandeel van de industrie in economie van de leiders: Nigeria (28,9%), Ghana (27,1%), Guinee (23,3%), Senegal (21,8%) en Ivoorkust (14,1%). De industrie per hoofd in West-Afrika onder de leiders: Nigeria ($407,3), Ghana ($144,1), Senegal ($93,8), Ivoorkust ($90,0) en Guinee ($68,7). De groei van de industrie onder de leiders: Nigeria (8,7%), Ivoorkust (8,1%), Senegal (3,7%), Guinee (3,0%) en Ghana (-2,1%).

de jaren 1980

De industrie van West-Afrika bedroeg in de jaren 1980 US$56,4 miljard per jaar. Het aandeel in de wereld was 1,4%, en 36,1% in Afrika.

Het aandeel van de industrie in de economie van West-Afrika was 28,2% in de jaren 1980, en was vergelijkbaar met Finland (28,2%), Mongolië (28,3%), Guyana (28,4%).

De industrie per hoofd in West-Afrika was $361,0 in de jaren 1980s, en was vergelijkbaar met Jordanië (US$356,9), Noord-Afrika (US$369,4). De industrie per hoofd in West-Afrika was in 2,4 keer lager dan de industrie per hoofd van de bevolking in de wereld ($861,8), en was 25,1% hoger dan de industrie per hoofd van de bevolking in Afrika ($861,8).

De groei van de industrie in West-Afrika bedroeg -1.8% in de jaren 1980, en was vergelijkbaar met Iran (-1,8%). De groei van de industrie in West-Afrika (-1,8%) was minder dan de groei van de industrie in de wereld (2,3%), was minder dan de groei van de industrie in Afrika (-0,99%).

Vergelijking met subregio's. De sector van de industrie in West-Afrika was groter dan in Noord-Afrika (US$46,6 miljard), in Zuidelijk Afrika (US$31,2 miljard), in Oost-Afrika (US$11,1 miljard) en in Centraal-Afrika (US$11,0 miljard). De sector van de industrie per hoofd in West-Afrika was in West-Afrika groter dan in Centraal-Afrika (US$183,0) en in Oost-Afrika (US$68,3); maar minder dan in Zuidelijk Afrika (US$849,4) en in Noord-Afrika (US$369,4). De groei van de industrie in West-Afrika was groter dan in Noord-Afrika (-2,3%); maar minder dan in Centraal-Afrika (2,7%), in Oost-Afrika (2,4%) en in Zuidelijk Afrika (1,5%).

Leiders. De toegevoegde waarde van de industrie in West-Afrika in de jaren 1980 bestond uit: Nigeria (86,0%), Ghana (3,6%), Ivoorkust (2,6%), Senegal (1,9%), Guinee (1,2%), en andere (4,6%). Het aandeel van de industrie in economie van de leiders: Nigeria (30,2%), Senegal (24,5%), Ghana (23,4%), Guinee (23,2%) en Ivoorkust (17,6%). De toegevoegde waarde van de industrie per hoofd in West-Afrika onder de leiders: Nigeria ($585,9), Senegal ($169,0), Ghana ($159,6), Ivoorkust ($151,3) en Guinee ($127,6). De groei van de industrie onder de leiders: Senegal (3,9%), Guinee (2,7%), Ghana (0,42%), Ivoorkust (-1,8%) en Nigeria (-2,4%).

de jaren 1990

De sector van de industrie in West-Afrika bedroeg in de jaren 1990 US$30,3 miljard per jaar. Het aandeel in de wereld was 0,45%, en 19,2% in Afrika.

Het aandeel van de industrie in de economie van West-Afrika was 27,6% in de jaren 1990, en was vergelijkbaar met Moldavië (27,5%), Japan (27,5%), de Dominicaanse Republiek (27,8%).

De waarde van de industrie per hoofd in West-Afrika was $148,8 in de jaren 1990s, en was vergelijkbaar met Guinee (US$146,2), Azerbeidzjan (US$145,9), Sri Lanka (US$152,1). De industrie per hoofd in West-Afrika was in 7,9 keer lager dan de industrie per hoofd van de bevolking in de wereld ($1.175,6), en was 33,2% lager dan de industrie per hoofd van de bevolking in Afrika ($1.175,6).

De groei van de industrie in West-Afrika bedroeg 0.9% in de jaren 1990. De groei van de industrie in West-Afrika (0,92%) was minder dan de groei van de industrie in de wereld (2,5%), was minder dan de groei van de industrie in Afrika (1,3%).

Vergelijking met subregio's. De toegevoegde waarde van de industrie in West-Afrika was groter dan in Centraal-Afrika (US$14,4 miljard) en in Oost-Afrika (US$11,5 miljard); maar minder dan in Noord-Afrika (US$59,5 miljard) en in Zuidelijk Afrika (US$42,1 miljard). De industrie per hoofd in West-Afrika was in West-Afrika groter dan in Oost-Afrika (US$53,3); maar minder dan in Zuidelijk Afrika (US$903,4), in Noord-Afrika (US$372,5) en in Centraal-Afrika (US$174,5). De groei van de industrie in West-Afrika was groter dan in Zuidelijk Afrika (0,44%) en in Centraal-Afrika (-1,2%); maar minder dan in Oost-Afrika (2,4%) en in Noord-Afrika (2,2%).

Leiders. De sector van de industrie in West-Afrika in de jaren 1990 bestond uit: Nigeria (58,8%), Ghana (13,7%), Ivoorkust (8,1%), Senegal (5,6%), Guinee (3,5%), en andere (10,4%). Het aandeel van de industrie in economie van de leiders: Nigeria (32,3%), Ghana (30,0%), Senegal (25,9%), Ivoorkust (22,2%) en Guinee (21,2%). De toegevoegde waarde van de industrie per hoofd in West-Afrika onder de leiders: Ghana ($246,6), Senegal ($198,4), Ivoorkust ($175,1), Nigeria ($166,7) en Guinee ($146,2). De groei van de industrie onder de leiders: Ivoorkust (4,7%), Guinee (4,2%), Senegal (2,3%), Nigeria (0,59%) en Ghana (-0,71%).

de jaren 2000

De industrie van West-Afrika bedroeg in de jaren 2000 US$58,9 miljard per jaar, en was vergelijkbaar met Zuidelijk Afrika (US$59,8 miljard). Het aandeel in de wereld was 0,58%, en 18,4% in Afrika.

Het aandeel van de industrie in de economie van West-Afrika was 22,7% in de jaren 2000, en was vergelijkbaar met El Salvador (22,7%), Nigeria (22,8%), Ivoorkust (22,8%).

De waarde van de industrie per hoofd in West-Afrika was $221,9 in de jaren 2000s, en was vergelijkbaar met Senegal (US$219,1), Albanië (US$226,7). De toegevoegde waarde van de industrie per hoofd in West-Afrika was in 7,1 keer lager dan de industrie per hoofd van de bevolking in de wereld ($1.573,8), en was 37,0% lager dan de industrie per hoofd van de bevolking in Afrika ($1.573,8).

De groei van de industrie in West-Afrika bedroeg 2.2% in de jaren 2000, en was vergelijkbaar met Saint Lucia (2,2%). De groei van de industrie in West-Afrika (2,2%) was minder dan de groei van de industrie in de wereld (2,9%), was minder dan de groei van de industrie in Afrika (3,1%).

Vergelijking met subregio's. De industrie van West-Afrika was groter dan in Centraal-Afrika (US$43,3 miljard) en in Oost-Afrika (US$18,6 miljard); maar minder dan in Noord-Afrika (US$139,0 miljard) en in Zuidelijk Afrika (US$59,8 miljard). De toegevoegde waarde van de industrie per hoofd in West-Afrika was in West-Afrika groter dan in Oost-Afrika (US$65,3); maar minder dan in Zuidelijk Afrika (US$1.099,0), in Noord-Afrika (US$730,2) en in Centraal-Afrika (US$390,2). De groei van de industrie in West-Afrika was groter dan in Zuidelijk Afrika (1,3%); maar minder dan in Oost-Afrika (6,0%), in Centraal-Afrika (5,4%) en in Noord-Afrika (3,3%).

Leiders. De industrie van West-Afrika in de jaren 2000 bestond uit: Nigeria (68,9%), Ghana (10,0%), Ivoorkust (6,1%), Senegal (4,1%), Guinee (2,0%), en andere (8,9%). Het aandeel van de industrie in economie van de leiders: Ghana (27,2%), Guinee (24,3%), Senegal (23,9%), Ivoorkust (22,8%) en Nigeria (22,8%). De waarde van de industrie per hoofd in West-Afrika onder de leiders: Nigeria ($295,0), Ghana ($273,0), Senegal ($219,1), Ivoorkust ($196,8) en Guinee ($129,9). De groei van de industrie onder de leiders: Ghana (3,7%), Senegal (2,9%), Nigeria (2,1%), Ivoorkust (1,5%) en Guinee (1,4%).

de jaren 2010

De sector van de industrie in West-Afrika bedroeg in de jaren 2010 US$132,7 miljard per jaar. Het aandeel in de wereld was 0,78%, en 23,2% in Afrika.

Het aandeel van de industrie in de economie van West-Afrika was 21,1% in de jaren 2010, en was vergelijkbaar met Estland (21,1%), Bangladesh (21,2%), Finland (21,0%).

De waarde van de industrie per hoofd in West-Afrika was $381,4 in de jaren 2010s, en was vergelijkbaar met Nicaragua (US$380,0), Zambia (US$385,3), Zuid-Azië (US$389,6). De industrie per hoofd in West-Afrika was in 6,1 keer lager dan de industrie per hoofd van de bevolking in de wereld ($2.320,9), en was 22,0% lager dan de industrie per hoofd van de bevolking in Afrika ($2.320,9).

De groei van de industrie in West-Afrika bedroeg 3.3% in de jaren 2010, en was vergelijkbaar met Honduras (3,3%), Vanuatu (3,3%), Burundi (3,3%). De groei van de industrie in West-Afrika (3,3%) was minder dan de groei van de industrie in de wereld (3,5%), was groter dan de groei van de industrie in Afrika (0,035%).

Vergelijking met subregio's. De industrie van West-Afrika was 45,4% groter dan in Zuidelijk Afrika (US$91,3 miljard), 46,7% groter dan in Centraal-Afrika (US$90,5 miljard) en 3,0 keer groter dan in Oost-Afrika (US$44,9 miljard); maar 37,4% minder dan in Noord-Afrika (US$212,1 miljard). De sector van de industrie per hoofd in West-Afrika was in West-Afrika3,3 keer groter dan in Oost-Afrika (US$116,9); maar 3,8 keer minder dan in Zuidelijk Afrika (US$1.459,9), 2,5 keer minder dan in Noord-Afrika (US$958,1) en 35,8% minder dan in Centraal-Afrika (US$594,0). De groei van de industrie in West-Afrika was groter dan in Centraal-Afrika (2,0%), in Zuidelijk Afrika (0,89%) en in Noord-Afrika (-3,0%); maar minder dan in Oost-Afrika (5,4%).

Leiders. De sector van de industrie in West-Afrika in de jaren 2010 bestond uit: Nigeria (70,2%), Ghana (10,5%), Ivoorkust (5,6%), Senegal (3,2%), Burkina Faso (2,2%), en andere (8,3%). Het aandeel van de industrie in economie van de leiders: Ghana (26,7%), Burkina Faso (23,7%), Senegal (23,4%), Nigeria (20,9%) en Ivoorkust (18,5%). De sector van de industrie per hoofd in West-Afrika onder de leiders: Nigeria ($520,0), Ghana ($506,7), Ivoorkust ($324,3), Senegal ($290,1) en Burkina Faso ($159,6). De groei van de industrie onder de leiders: Ghana (11,8%), Ivoorkust (7,3%), Burkina Faso (6,1%), Senegal (4,6%) en Nigeria (1,2%).

Hoofdstuk 5.1. Fabricage

(ISIC D)

De fabricage van West-Afrika steeg van US$19,8 miljard per jaar in de jaren 1970 tot US$62,8 miljard per jaar in de jaren 2010, dat wil zeggen met US$43,0 miljard of 3,2 keer. De verandering vond plaats op US$18,8 miljard als gevolg van een 1,4-voudige stijging van de prijzen, en ook op -US$13,7 miljard als gevolg van een 1,3-voudige afname van de productiviteit , evenals op US$37,9 miljard als gevolg van de toename van de bevolking. De gemiddelde jaarlijkse groei van de fabricage is 3,0%. De minimumwaarde van de fabricage bedroeg US$6,4 miljard in 1970. De maximumwaarde van de fabricage bedroeg US$82,3 miljard in 2019.

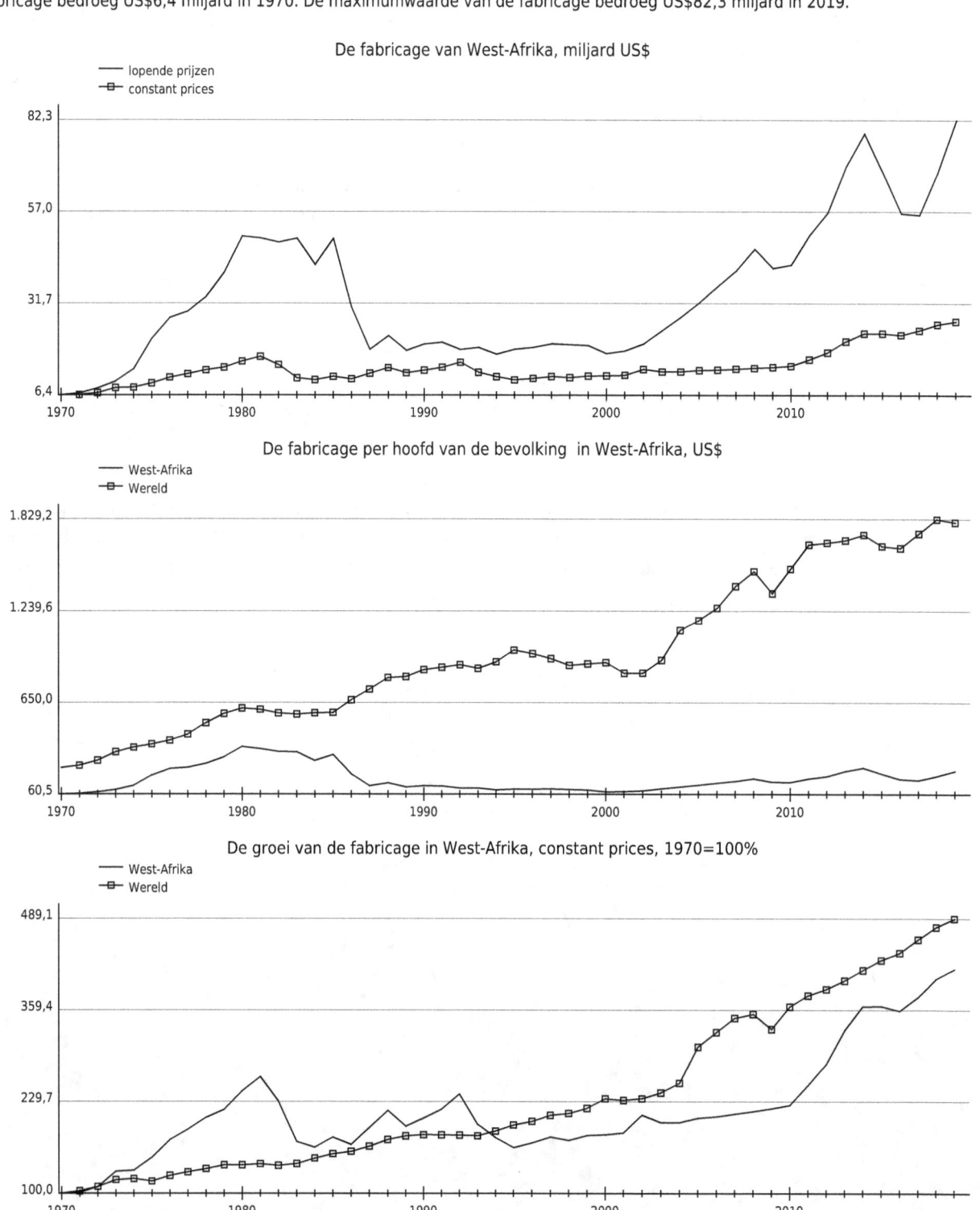

De fabricage van West-Afrika, miljard US$

De fabricage per hoofd van de bevolking in West-Afrika, US$

De groei van de fabricage in West-Afrika, constant prices, 1970=100%

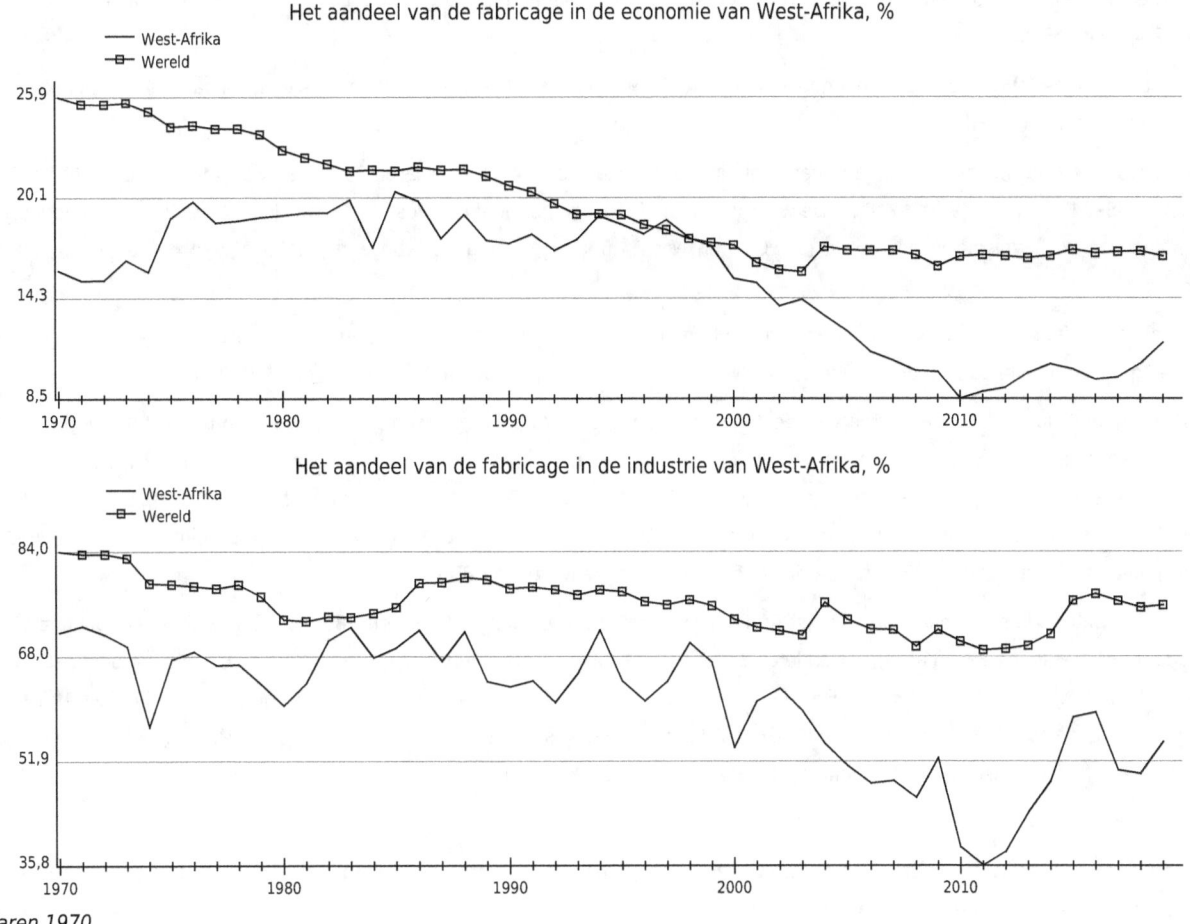

Het aandeel van de fabricage in de economie van West-Afrika, %

Het aandeel van de fabricage in de industrie van West-Afrika, %

de jaren 1970

De sector van de fabricage in West-Afrika bedroeg in de jaren 1970 US$19,8 miljard per jaar, en was vergelijkbaar met Mexico (US$19,7 miljard), Zuidwest-Azië (US$19,7 miljard). Het aandeel in de wereld was 1,3%, en 48,5% in Afrika.

Het aandeel van de fabricage in de economie van West-Afrika was 18,2% in de jaren 1970, en was vergelijkbaar met Denemarken (18,2%).

De waarde van de fabricage per hoofd in West-Afrika was $166,0 in de jaren 1970s, en was vergelijkbaar met Guyana (US$167,4), Oost-Azië (US$168,5), de Bahama's (US$169,2). De fabricage per hoofd in West-Afrika was in 2,3 keer lager dan de fabricage per hoofd van de bevolking in de wereld ($383,2), en was 67,0% hoger dan de fabricage per hoofd van de bevolking in Afrika ($383,2).

De groei van de fabricage in West-Afrika bedroeg 9.1% in de jaren 1970, en was vergelijkbaar met de Salomonseilanden (9,0%), Aruba (9,1%). De groei van de fabricage in West-Afrika (9,1%) was groter dan de groei van de fabricage in de wereld (3,8%), was groter dan de groei van de fabricage in Afrika (4,9%).

Vergelijking met subregio's. De waarde van de fabricage in West-Afrika was groter dan in Zuidelijk Afrika (US$7,2 miljard), in Noord-Afrika (US$6,3 miljard), in Oost-Afrika (US$5,3 miljard) en in Centraal-Afrika (US$2,1 miljard). De toegevoegde waarde van de fabricage per hoofd in West-Afrika was in West-Afrika groter dan in Noord-Afrika (US$65,2), in Centraal-Afrika (US$47,0) en in Oost-Afrika (US$44,2); maar minder dan in Zuidelijk Afrika (US$255,9). De groei van de fabricage in West-Afrika was groter dan in Noord-Afrika (5,6%), in Oost-Afrika (5,0%), in Zuidelijk Afrika (4,9%) en in Centraal-Afrika (-0,67%).

Leiders. De sector van de fabricage in West-Afrika in de jaren 1970 bestond uit: Nigeria (85,1%), Ghana (6,7%), Ivoorkust (2,6%), Senegal (2,1%), Burkina Faso (0,98%), en andere (2,5%). Het aandeel van de fabricage in economie van de leiders: Ghana (25,5%), Senegal (20,0%), Nigeria (18,9%), Burkina Faso (17,3%) en Ivoorkust (12,6%). De sector van de fabricage per hoofd in West-Afrika onder de leiders: Nigeria ($267,2), Ghana ($135,2), Senegal ($86,1), Ivoorkust ($80,2) en Burkina Faso ($31,8). De groei van de fabricage onder de leiders: Nigeria (12,7%), Ivoorkust (6,2%), Burkina Faso (4,0%), Senegal (3,6%) en Ghana (-1,9%).

de jaren 1980

De toegevoegde waarde van de fabricage in West-Afrika bedroeg in de jaren 1980 US$38,1 miljard per jaar. Het aandeel in de wereld was 1,2%, en 44,6% in Afrika.

Het aandeel van de fabricage in de economie van West-Afrika was 19,1% in de jaren 1980, en was vergelijkbaar met Frankrijk (19,1%), de Verenigde Staten (18,9%).

De toegevoegde waarde van de fabricage per hoofd in West-Afrika was $243,7 in de jaren 1980s, en was vergelijkbaar met Saint Kitts en Nevis (US$241,0), Jamaica (US$248,8). De waarde van de fabricage per hoofd in West-Afrika was in 2,7 keer lager dan de fabricage per hoofd van de bevolking in de wereld ($661,2), en was 54,6% hoger dan de fabricage per hoofd van de bevolking in Afrika ($661,2).

De groei van de fabricage in West-Afrika bedroeg -1.1% in de jaren 1980. De groei van de fabricage in West-Afrika (-1,1%) was minder dan de groei van de fabricage in de wereld (2,6%), was minder dan de groei van de fabricage in Afrika (2,0%).

Vergelijking met subregio's. De sector van de fabricage in West-Afrika was groter dan in Zuidelijk Afrika (US$17,7 miljard), in Noord-Afrika (US$16,5 miljard), in Oost-Afrika (US$8,8 miljard) en in Centraal-Afrika (US$4,3 miljard). De sector van de fabricage per hoofd in West-Afrika was in West-Afrika groter dan in Noord-Afrika (US$130,4), in Centraal-Afrika (US$71,8) en in Oost-Afrika (US$54,4); maar minder dan in Zuidelijk Afrika (US$482,3). De groei van de fabricage in West-Afrika was minder dan in Noord-Afrika (6,1%), in Oost-Afrika (3,1%), in Zuidelijk Afrika (2,5%) en in Centraal-Afrika (1,8%).

Leiders. De waarde van de fabricage in West-Afrika in de jaren 1980 bestond uit: Nigeria (85,5%), Ghana (4,8%), Ivoorkust (3,2%), Senegal (2,6%), Burkina Faso (1,0%), en andere (2,9%). Het aandeel van de fabricage in economie van de leiders: Senegal (22,7%), Ghana (21,4%), Nigeria (20,3%), Burkina Faso (17,2%) en Ivoorkust (14,4%). De sector van de fabricage per hoofd in West-Afrika onder de leiders: Nigeria ($393,0), Senegal ($156,8), Ghana ($146,1), Ivoorkust ($124,1) en Burkina Faso ($50,7). De groei van de fabricage onder de leiders: Ivoorkust (6,0%), Senegal (4,2%), Burkina Faso (1,9%), Ghana (0,18%) en Nigeria (-2,4%).

de jaren 1990

De fabricage van West-Afrika bedroeg in de jaren 1990 US$19,7 miljard per jaar, en was vergelijkbaar met Maleisië (US$20,1 miljard). Het aandeel in de wereld was 0,38%, en 22,3% in Afrika.

Het aandeel van de fabricage in de economie van West-Afrika was 17,9% in de jaren 1990, en was vergelijkbaar met Argentinië (18,0%).

De waarde van de fabricage per hoofd in West-Afrika was $96,7 in de jaren 1990s, en was vergelijkbaar met Nigeria (US$96,9). De waarde van de fabricage per hoofd in West-Afrika was in 9,4 keer lager dan de fabricage per hoofd van de bevolking in de wereld ($908,4), en was 22,5% lager dan de fabricage per hoofd van de bevolking in Afrika ($908,4).

De groei van de fabricage in West-Afrika bedroeg -0.7% in de jaren 1990. De groei van de fabricage in West-Afrika (-0,68%) was minder dan de groei van de fabricage in de wereld (2,0%), was minder dan de groei van de fabricage in Afrika (0,55%).

Vergelijking met subregio's. De fabricage van West-Afrika was groter dan in Oost-Afrika (US$8,8 miljard) en in Centraal-Afrika (US$4,0 miljard); maar minder dan in Noord-Afrika (US$28,5 miljard) en in Zuidelijk Afrika (US$27,4 miljard). De toegevoegde waarde van de fabricage per hoofd in West-Afrika was in West-Afrika groter dan in Centraal-Afrika (US$48,8) en in Oost-Afrika (US$40,6); maar minder dan in Zuidelijk Afrika (US$586,9) en in Noord-Afrika (US$178,5). De groei van de fabricage in West-Afrika was groter dan in Centraal-Afrika (-7,1%); maar minder dan in Noord-Afrika (4,4%), in Oost-Afrika (2,8%) en in Zuidelijk Afrika (0,54%).

Leiders. De sector van de fabricage in West-Afrika in de jaren 1990 bestond uit: Nigeria (52,6%), Ghana (17,1%), Ivoorkust (11,1%), Senegal (7,8%), Burkina Faso (2,7%), en andere (8,7%). Het aandeel van de fabricage in economie van de leiders: Ghana (24,4%), Senegal (23,5%), Ivoorkust (19,9%), Nigeria (18,8%) en Burkina Faso (17,2%). De fabricage per hoofd in West-Afrika onder de leiders: Ghana ($200,6), Senegal ($179,9), Ivoorkust ($157,1), Nigeria ($96,9) en Burkina Faso ($52,7). De groei van de fabricage onder de leiders: Burkina Faso (4,7%), Ivoorkust (3,6%), Senegal (2,6%), Nigeria (-1,8%) en Ghana (-2,6%).

de jaren 2000

De fabricage van West-Afrika bedroeg in de jaren 2000 US$30,6 miljard per jaar, en was vergelijkbaar met Saoedi-Arabië (US$30,8 miljard), Tsjechië (US$30,4 miljard), Denemarken (US$31,3 miljard). Het aandeel in de wereld was 0,41%, en 23,3% in Afrika.

Het aandeel van de fabricage in de economie van West-Afrika was 11,8% in de jaren 2000, en was vergelijkbaar met Kosovo (11,8%),

Palestina (11,8%).

De toegevoegde waarde van de fabricage per hoofd in West-Afrika was $115,4 in de jaren 2000s. De toegevoegde waarde van de fabricage per hoofd in West-Afrika was in 9,9 keer lager dan de fabricage per hoofd van de bevolking in de wereld ($1.138,1), en was 20,3% lager dan de fabricage per hoofd van de bevolking in Afrika ($1.138,1).

De groei van de fabricage in West-Afrika bedroeg 1.9% in de jaren 2000. De groei van de fabricage in West-Afrika (1,9%) was minder dan de groei van de fabricage in de wereld (4,2%), was minder dan de groei van de fabricage in Afrika (3,5%).

Vergelijking met subregio's. De waarde van de fabricage in West-Afrika was groter dan in Oost-Afrika (US$12,0 miljard) en in Centraal-Afrika (US$9,1 miljard); maar minder dan in Noord-Afrika (US$43,3 miljard) en in Zuidelijk Afrika (US$36,4 miljard). De sector van de fabricage per hoofd in West-Afrika was in West-Afrika groter dan in Centraal-Afrika (US$81,7) en in Oost-Afrika (US$42,0); maar minder dan in Zuidelijk Afrika (US$668,5) en in Noord-Afrika (US$227,2). De groei van de fabricage in West-Afrika was minder dan in Centraal-Afrika (4,7%), in Noord-Afrika (4,4%), in Oost-Afrika (3,8%) en in Zuidelijk Afrika (2,7%).

Leiders. De sector van de fabricage in West-Afrika in de jaren 2000 bestond uit: Nigeria (55,8%), Ghana (15,0%), Ivoorkust (8,8%), Senegal (6,9%), Mali (3,0%), en andere (10,5%). Het aandeel van de fabricage in economie van de leiders: Ghana (21,2%), Senegal (21,1%), Ivoorkust (17,1%), Mali (16,0%) en Nigeria (9,6%). De fabricage per hoofd in West-Afrika onder de leiders: Ghana ($212,4), Senegal ($193,2), Ivoorkust ($147,7), Nigeria ($124,3) en Mali ($71,9). De groei van de fabricage onder de leiders: Mali (10,6%), Ghana (3,2%), Senegal (2,7%), Nigeria (1,6%) en Ivoorkust (0,71%).

de jaren 2010

De toegevoegde waarde van de fabricage in West-Afrika bedroeg in de jaren 2010 US$62,8 miljard per jaar, en was vergelijkbaar met België (US$63,8 miljard), Iran (US$64,1 miljard). Het aandeel in de wereld was 0,50%, en 26,1% in Afrika.

Het aandeel van de fabricage in de economie van West-Afrika was 10,0% in de jaren 2010, en was vergelijkbaar met Kenia (10,0%), Oeganda (9,9%).

De fabricage per hoofd in West-Afrika was $180,5 in de jaren 2010s, en was vergelijkbaar met de Turks- en Caicoseilanden (US$181,7), Kirgizië (US$176,9). De sector van de fabricage per hoofd in West-Afrika was in 9,4 keer lager dan de fabricage per hoofd van de bevolking in de wereld ($1.697,4), en was 12,5% lager dan de fabricage per hoofd van de bevolking in Afrika ($1.697,4).

De groei van de fabricage in West-Afrika bedroeg 6.6% in de jaren 2010. De groei van de fabricage in West-Afrika (6,6%) was groter dan de groei van de fabricage in de wereld (3,9%), was groter dan de groei van de fabricage in Afrika (3,6%).

Vergelijking met subregio's. De sector van de fabricage in West-Afrika was 33,5% groter dan in Zuidelijk Afrika (US$47,1 miljard), 2,5 keer groter dan in Oost-Afrika (US$25,4 miljard) en 2,6 keer groter dan in Centraal-Afrika (US$24,3 miljard); maar 22,8% minder dan in Noord-Afrika (US$81,4 miljard). De toegevoegde waarde van de fabricage per hoofd in West-Afrika was in West-Afrika13,3% groter dan in Centraal-Afrika (US$159,3) en 2,7 keer groter dan in Oost-Afrika (US$66,2); maar 4,2 keer minder dan in Zuidelijk Afrika (US$752,9) en 2,0 keer minder dan in Noord-Afrika (US$367,7). De groei van de fabricage in West-Afrika was groter dan in Oost-Afrika (5,4%), in Centraal-Afrika (3,6%), in Noord-Afrika (2,3%) en in Zuidelijk Afrika (1,4%).

Leiders. De waarde van de fabricage in West-Afrika in de jaren 2010 bestond uit: Nigeria (63,6%), Ghana (10,6%), Ivoorkust (8,0%), Senegal (5,3%), Mali (3,3%), en andere (9,3%). Het aandeel van de fabricage in economie van de leiders: Senegal (18,6%), Mali (15,6%), Ghana (12,7%), Ivoorkust (12,4%) en Nigeria (9,0%). De waarde van de fabricage per hoofd in West-Afrika onder de leiders: Ghana ($240,6), Senegal ($230,5), Nigeria ($223,0), Ivoorkust ($217,2) en Mali ($118,6). De groei van de fabricage onder de leiders: Mali (9,4%), Ivoorkust (9,2%), Nigeria (6,4%), Ghana (5,4%) en Senegal (4,2%).

Hoofdstuk VI. Constructie

(ISIC F)

De constructie van West-Afrika steeg van US$8,3 miljard per jaar in de jaren 1970 tot US$26,4 miljard per jaar in de jaren 2010, dat wil zeggen met US$18,1 miljard of 3,2 keer. De verandering vond plaats op -US$12,9 miljard als gevolg van een 1,5-voudige daling van de prijzen, en ook op US$15,0 miljard als gevolg van een 1,6-voudige toename van de productiviteit , evenals op US$15,9 miljard als gevolg van de toename van de bevolking. De gemiddelde jaarlijkse groei van de constructie is 4,3%. De minimumwaarde van de constructie bedroeg US$2,7 miljard in 1994. De maximumwaarde van de constructie bedroeg US$40,2 miljard in 2019.

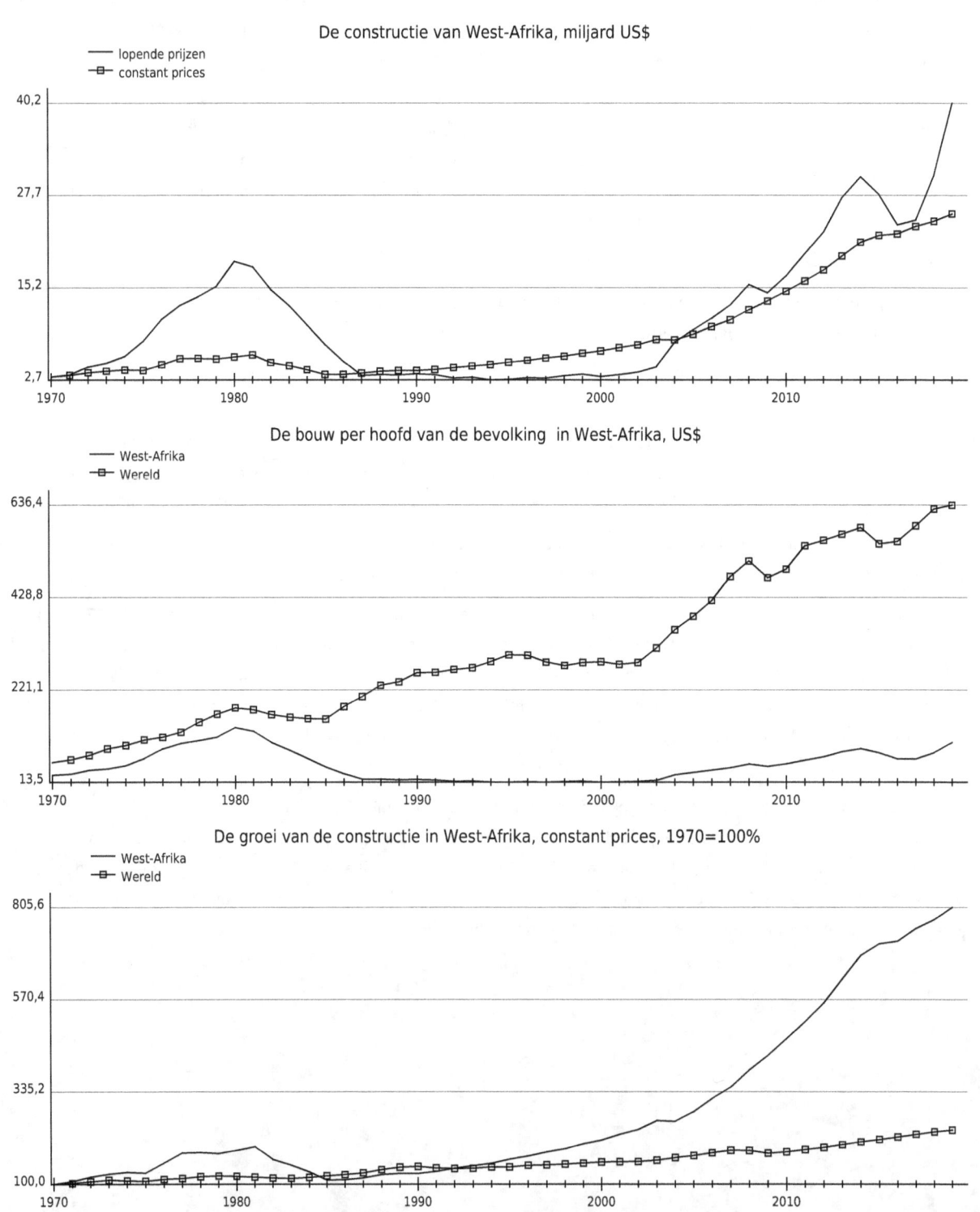

De constructie van West-Afrika, miljard US$

De bouw per hoofd van de bevolking in West-Afrika, US$

De groei van de constructie in West-Afrika, constant prices, 1970=100%

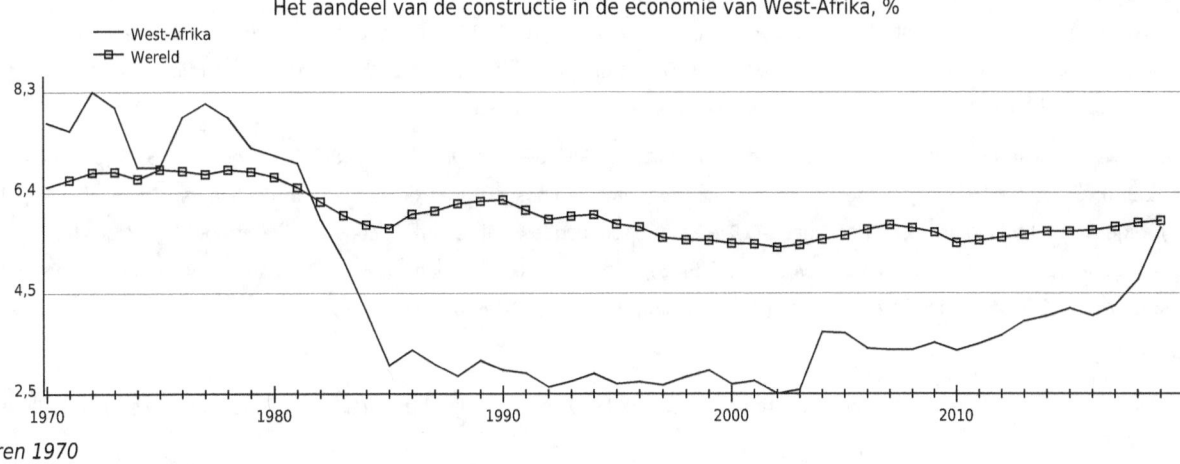

Het aandeel van de constructie in de economie van West-Afrika, %

de jaren 1970

De waarde van de constructie in West-Afrika bedroeg in de jaren 1970 US$8,3 miljard per jaar, en was vergelijkbaar met Mexico (US$8,3 miljard). Het aandeel in de wereld was 1,9%, en 50,8% in Afrika.

Het aandeel van de constructie in de economie van West-Afrika was 7,6% in de jaren 1970, en was vergelijkbaar met West-Europa (7,6%), de Filipijnen (7,6%), Ivoorkust (7,6%).

De waarde van de constructie per hoofd in West-Afrika was $69,7 in de jaren 1970s, en was vergelijkbaar met Tuvalu (US$69,9), Saint Kitts en Nevis (US$70,5), de Marshalleilanden (US$71,3). De bouw per hoofd in West-Afrika was 34,3% lager dan de constructie per hoofd van de bevolking in de wereld ($106,1), en was 74,7% hoger dan de constructie per hoofd van de bevolking in Afrika ($106,1).

De groei van de constructie in West-Afrika bedroeg 6.6% in de jaren 1970, en was vergelijkbaar met de FS van Micronesië (6,6%), de Marshalleilanden (6,6%). De groei van de constructie in West-Afrika (6,6%) was groter dan de groei van de constructie in de wereld (2,1%), was groter dan de groei van de constructie in Afrika (4,5%).

Vergelijking met subregio's. De waarde van de constructie in West-Afrika was groter dan in Noord-Afrika (US$4,0 miljard), in Zuidelijk Afrika (US$1,7 miljard), in Oost-Afrika (US$1,2 miljard) en in Centraal-Afrika (US$1,1 miljard). De sector van de constructie per hoofd in West-Afrika was in West-Afrika groter dan in Zuidelijk Afrika (US$58,8), in Noord-Afrika (US$41,9), in Centraal-Afrika (US$25,0) en in Oost-Afrika (US$10,1). De groei van de constructie in West-Afrika was groter dan in Zuidelijk Afrika (2,3%), in Centraal-Afrika (1,2%) en in Oost-Afrika (-0,074%); maar minder dan in Noord-Afrika (7,9%).

Leiders. De waarde van de constructie in West-Afrika in de jaren 1970 bestond uit: Nigeria (89,6%), Ivoorkust (3,7%), Guinee (1,3%), Ghana (1,1%), Burkina Faso (0,84%), en andere (3,4%). Het aandeel van de constructie in economie van de leiders: Guinee (8,4%), Nigeria (8,4%), Ivoorkust (7,6%), Burkina Faso (6,2%) en Ghana (1,8%). De toegevoegde waarde van de constructie per hoofd in West-Afrika onder de leiders: Nigeria ($118,2), Ivoorkust ($48,5), Guinee ($24,8), Burkina Faso ($11,4) en Ghana ($9,4). De groei van de constructie onder de leiders: Ivoorkust (10,1%), Nigeria (7,8%), Guinee (3,0%), Burkina Faso (-0,84%) en Ghana (-0,89%).

de jaren 1980

De waarde van de constructie in West-Afrika bedroeg in de jaren 1980 US$9,7 miljard per jaar, en was vergelijkbaar met de Nederland (US$9,8 miljard). Het aandeel in de wereld was 1,1%, en 33,7% in Afrika.

Het aandeel van de constructie in de economie van West-Afrika was 4,9% in de jaren 1980, en was vergelijkbaar met Amerika (4,9%), Paraguay (4,8%).

De toegevoegde waarde van de constructie per hoofd in West-Afrika was $62,4 in de jaren 1980s, en was vergelijkbaar met Djibouti (US$62,7), Noord-Korea (US$61,9), de Britse Maagdeneilanden (US$63,7). De toegevoegde waarde van de constructie per hoofd in West-Afrika was in 3,0 keer lager dan de constructie per hoofd van de bevolking in de wereld ($186,2), en was 17,0% hoger dan de constructie per hoofd van de bevolking in Afrika ($186,2).

De groei van de constructie in West-Afrika bedroeg -3.3% in de jaren 1980. De groei van de constructie in West-Afrika (-3,3%) was minder dan de groei van de constructie in de wereld (1,7%), was minder dan de groei van de constructie in Afrika (0,41%).

Vergelijking met subregio's. De bouw van West-Afrika was groter dan in Zuidelijk Afrika (US$3,1 miljard), in Centraal-Afrika (US$2,1 miljard) en in Oost-Afrika (US$1,9 miljard); maar minder dan in Noord-Afrika (US$12,1 miljard). De waarde van de constructie per hoofd in West-Afrika was in West-Afrika groter dan in Centraal-Afrika (US$34,6) en in Oost-Afrika (US$11,6); maar minder dan in Noord-Afrika (US$95,8) en in Zuidelijk Afrika (US$83,5). De groei van de constructie in West-Afrika was minder dan in Noord-Afrika (2,3%), in Centraal-Afrika (0,98%), in Oost-Afrika (0,82%) en in Zuidelijk Afrika (-0,11%).

Leiders. De sector van de constructie in West-Afrika in de jaren 1980 bestond uit: Nigeria (86,4%), Ivoorkust (3,5%), Guinee (2,6%), Niger (1,3%), Ghana (1,1%), en andere (5,1%). Het aandeel van de constructie in economie van de leiders: Guinee (8,4%), Nigeria (5,2%), Niger (4,7%), Ivoorkust (4,0%) en Ghana (1,2%). De toegevoegde waarde van de constructie per hoofd in West-Afrika onder de leiders: Nigeria ($101,7), Guinee ($46,1), Ivoorkust ($34,8), Niger ($19,0) en Ghana ($8,4). De groei van de constructie onder de leiders: Ivoorkust (3,2%), Guinee (2,7%), Ghana (-0,96%), Niger (-1,2%) en Nigeria (-5,7%).

de jaren 1990

De sector van de constructie in West-Afrika bedroeg in de jaren 1990 US$3,1 miljard per jaar. Het aandeel in de wereld was 0,20%, en 12,7% in Afrika.

Het aandeel van de constructie in de economie van West-Afrika was 2,8% in de jaren 1990, en was vergelijkbaar met Mozambique (2,8%).

De sector van de constructie per hoofd in West-Afrika was $15,3 in de jaren 1990s, en was vergelijkbaar met Vietnam (US$15,1). De toegevoegde waarde van de constructie per hoofd in West-Afrika was in 18,2 keer lager dan de constructie per hoofd van de bevolking in de wereld ($278,6), en was in 2,3 keer lager dan de constructie per hoofd van de bevolking in Afrika ($278,6).

De groei van de constructie in West-Afrika bedroeg 4.8% in de jaren 1990, en was vergelijkbaar met Trinidad en Tobago (4,7%), Polen (4,8%). De groei van de constructie in West-Afrika (4,8%) was groter dan de groei van de constructie in de wereld (0,71%), was groter dan de groei van de constructie in Afrika (2,8%).

Vergelijking met subregio's. De sector van de constructie in West-Afrika was groter dan in Oost-Afrika (US$2,4 miljard) en in Centraal-Afrika (US$1,9 miljard); maar minder dan in Noord-Afrika (US$12,3 miljard) en in Zuidelijk Afrika (US$4,8 miljard). De waarde van de constructie per hoofd in West-Afrika was in West-Afrika groter dan in Oost-Afrika (US$11,1); maar minder dan in Zuidelijk Afrika (US$102,6), in Noord-Afrika (US$77,2) en in Centraal-Afrika (US$22,8). De groei van de constructie in West-Afrika was groter dan in Oost-Afrika (3,8%), in Noord-Afrika (3,1%), in Centraal-Afrika (1,8%) en in Zuidelijk Afrika (-0,55%).

Leiders. De bouw van West-Afrika in de jaren 1990 bestond uit: Nigeria (39,2%), Guinee (13,8%), Ghana (13,1%), Ivoorkust (7,8%), Mali (5,0%), en andere (21,1%). Het aandeel van de constructie in economie van de leiders: Guinee (8,7%), Mali (5,5%), Ghana (3,0%), Nigeria (2,2%) en Ivoorkust (2,2%). De constructie per hoofd in West-Afrika onder de leiders: Guinee ($59,9), Ghana ($24,4), Ivoorkust ($17,4), Mali ($16,5) en Nigeria ($11,4). De groei van de constructie onder de leiders: Mali (15,1%), Ghana (9,1%), Ivoorkust (8,0%), Guinee (4,5%) en Nigeria (4,1%).

de jaren 2000

De sector van de constructie in West-Afrika bedroeg in de jaren 2000 US$8,6 miljard per jaar. Het aandeel in de wereld was 0,35%, en 17,7% in Afrika.

Het aandeel van de constructie in de economie van West-Afrika was 3,3% in de jaren 2000, en was vergelijkbaar met Syrië (3,3%), Namibië (3,3%), Jordanië (3,3%).

De waarde van de constructie per hoofd in West-Afrika was $32,5 in de jaren 2000s, en was vergelijkbaar met Bangladesh (US$32,3). De sector van de constructie per hoofd in West-Afrika was in 11,7 keer lager dan de constructie per hoofd van de bevolking in de wereld ($381,3), en was 39,5% lager dan de constructie per hoofd van de bevolking in Afrika ($381,3).

De groei van de constructie in West-Afrika bedroeg 7.7% in de jaren 2000, en was vergelijkbaar met Laos (7,8%), Bangladesh (7,8%). De groei van de constructie in West-Afrika (7,7%) was groter dan de groei van de constructie in de wereld (1,5%), was minder dan de groei van de constructie in Afrika (8,4%).

Vergelijking met subregio's. De toegevoegde waarde van de constructie in West-Afrika was groter dan in Zuidelijk Afrika (US$7,2 miljard), in Oost-Afrika (US$6,2 miljard) en in Centraal-Afrika (US$5,5 miljard); maar minder dan in Noord-Afrika (US$21,1 miljard). De waarde van de constructie per hoofd in West-Afrika was in West-Afrika groter dan in Oost-Afrika (US$21,7); maar minder dan in Zuidelijk Afrika (US$133,0), in Noord-Afrika (US$111,0) en in Centraal-Afrika (US$50,0). De groei van de constructie in West-Afrika was groter dan in Noord-Afrika (7,1%); maar minder dan in Centraal-Afrika (13,7%), in Oost-Afrika (9,1%) en in Zuidelijk Afrika (8,2%).

Leiders. De sector van de constructie in West-Afrika in de jaren 2000 bestond uit: Nigeria (57,4%), Ghana (12,5%), Mali (5,5%), Guinee (5,3%), Ivoorkust (4,2%), en andere (15,1%). Het aandeel van de constructie in economie van de leiders: Guinee (9,5%), Mali (8,3%), Ghana (5,0%), Nigeria (2,8%) en Ivoorkust (2,3%). De bouw per hoofd in West-Afrika onder de leiders: Guinee ($50,7), Ghana ($50,0), Mali ($37,3), Nigeria ($36,0) en Ivoorkust ($20,0). De groei van de constructie onder de leiders: Ghana (11,3%), Mali (10,9%), Nigeria (8,4%), Guinee (5,9%) en Ivoorkust (4,2%).

de jaren 2010

De bouw van West-Afrika bedroeg in de jaren 2010 US$26,4 miljard per jaar. Het aandeel in de wereld was 0,63%, en 20,6% in Afrika.

Het aandeel van de constructie in de economie van West-Afrika was 4,2% in de jaren 2010, en was vergelijkbaar met Somalië (4,2%).

De sector van de constructie per hoofd in West-Afrika was $75,8 in de jaren 2010s, en was vergelijkbaar met Ethiopië (US$74,8). De constructie per hoofd in West-Afrika was in 7,5 keer lager dan de constructie per hoofd van de bevolking in de wereld ($572,1), en was 30,7% lager dan de constructie per hoofd van de bevolking in Afrika ($572,1).

De groei van de constructie in West-Afrika bedroeg 6.5% in de jaren 2010, en was vergelijkbaar met Bolivia (6,5%), Botswana (6,6%), Burkina Faso (6,6%). De groei van de constructie in West-Afrika (6,5%) was groter dan de groei van de constructie in de wereld (2,9%), was groter dan de groei van de constructie in Afrika (5,8%).

Vergelijking met subregio's. De toegevoegde waarde van de constructie in West-Afrika was 8,4% groter dan in Oost-Afrika (US$24,3 miljard), 36,1% groter dan in Centraal-Afrika (US$19,4 miljard) en 83,6% groter dan in Zuidelijk Afrika (US$14,4 miljard); maar 39,3% minder dan in Noord-Afrika (US$43,4 miljard). De sector van de constructie per hoofd in West-Afrika was in West-Afrika19,7% groter dan in Oost-Afrika (US$63,3); maar 3,0 keer minder dan in Zuidelijk Afrika (US$229,7), 2,6 keer minder dan in Noord-Afrika (US$196,1) en 40,4% minder dan in Centraal-Afrika (US$127,3). De groei van de constructie in West-Afrika was groter dan in Noord-Afrika (5,0%), in Centraal-Afrika (3,1%) en in Zuidelijk Afrika (1,3%); maar minder dan in Oost-Afrika (11,6%).

Leiders. De constructie van West-Afrika in de jaren 2010 bestond uit: Nigeria (64,1%), Ghana (15,5%), Ivoorkust (5,7%), Mali (2,5%), Benin (2,2%), en andere (9,9%). Het aandeel van de constructie in economie van de leiders: Ghana (7,8%), Benin (5,7%), Mali (5,1%), Nigeria (3,8%) en Ivoorkust (3,7%). De constructie per hoofd in West-Afrika onder de leiders: Ghana ($148,2), Nigeria ($94,4), Ivoorkust ($65,8), Benin ($54,8) en Mali ($38,5). De groei van de constructie onder de leiders: Ivoorkust (9,0%), Nigeria (6,6%), Ghana (6,2%), Benin (4,1%) en Mali (3,1%).

Hoofdstuk VII. Vervoer

Transport, opslag en communicatie (ISIC I)

Het vervoer van West-Afrika steeg van US$12,7 miljard per jaar in de jaren 1970 tot US$70,0 miljard per jaar in de jaren 2010, dat wil zeggen met US$57,3 miljard of 5,5 keer. De verandering vond plaats op US$27,3 miljard als gevolg van een 1,6-voudige stijging van de prijzen, en ook op US$5,8 miljard als gevolg van een 1,2-voudige toename van de productiviteit , evenals op US$24,3 miljard als gevolg van de toename van de bevolking. De gemiddelde jaarlijkse groei van het transport is 3,5%. De minimumwaarde van het transport bedroeg US$4,5 miljard in 1970. De maximumwaarde van het transport bedroeg US$84,9 miljard in 2014.

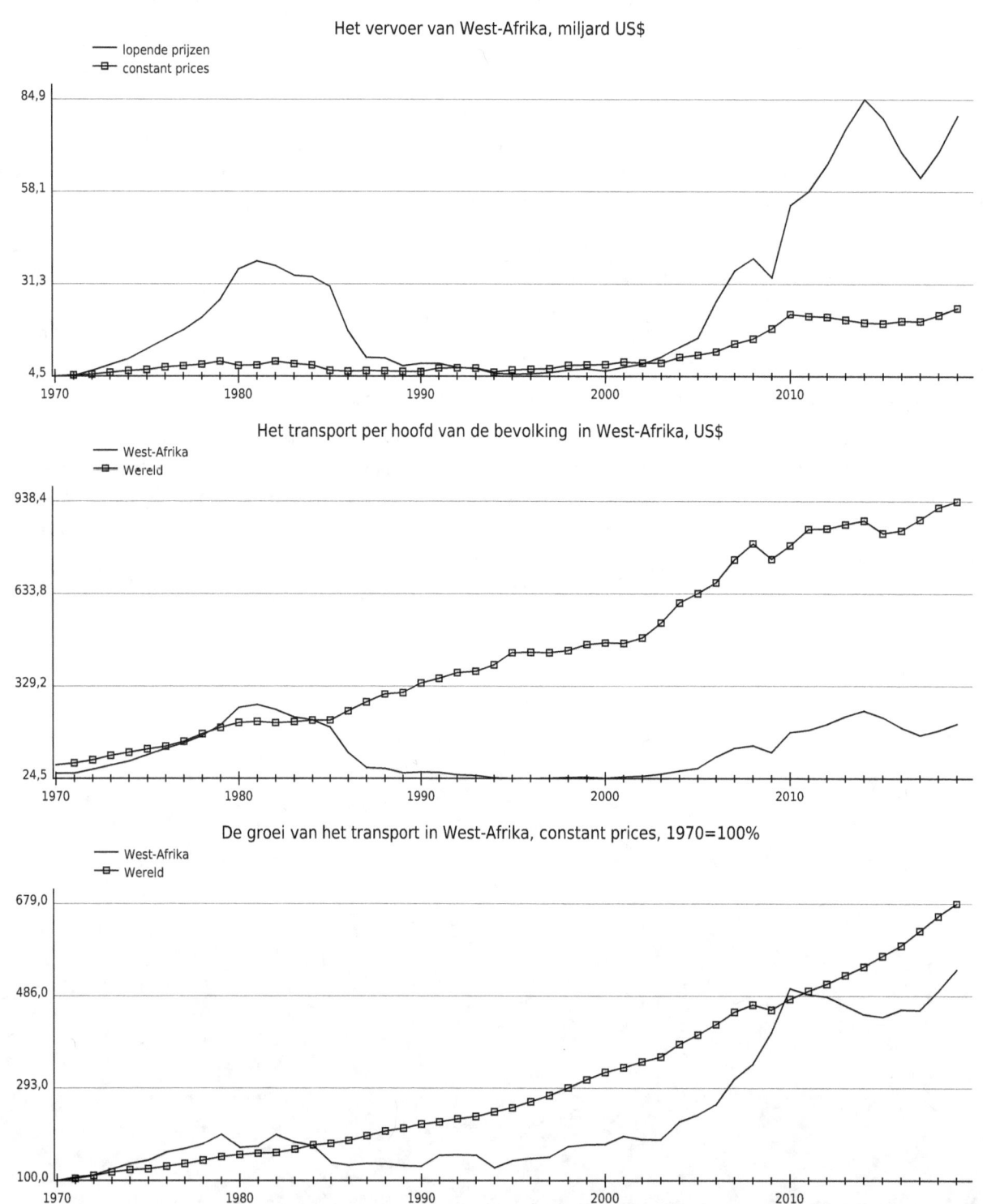

Het vervoer van West-Afrika, miljard US$

Het transport per hoofd van de bevolking in West-Afrika, US$

De groei van het transport in West-Afrika, constant prices, 1970=100%

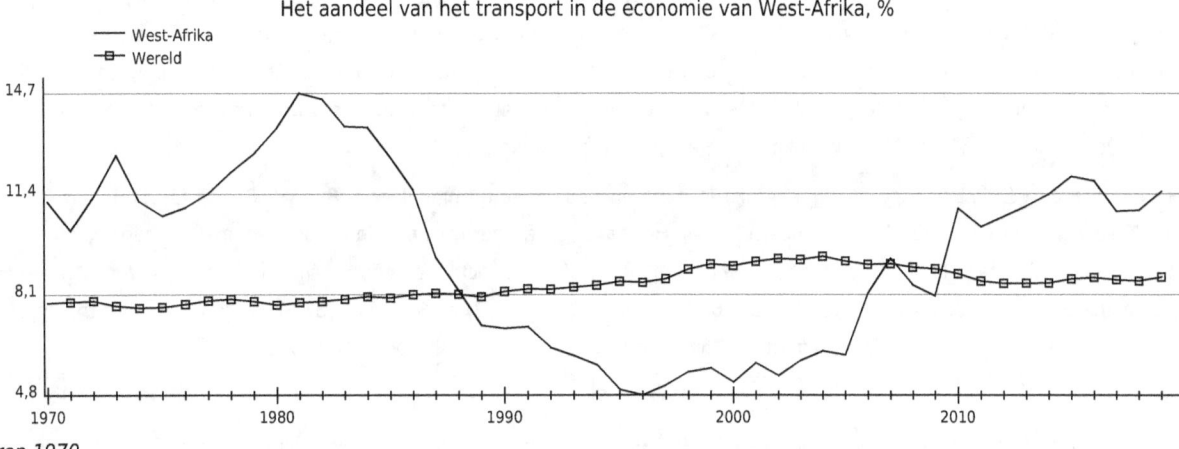

Het aandeel van het transport in de economie van West-Afrika, %

de jaren 1970

De sector van het transport in West-Afrika bedroeg in de jaren 1970 US$12,7 miljard per jaar, en was vergelijkbaar met Canada (US$12,7 miljard). Het aandeel in de wereld was 2,6%, en 55,2% in Afrika.

Het aandeel van het transport in de economie van West-Afrika was 11,6% in de jaren 1970, en was vergelijkbaar met Anguilla (11,6%), Papoea-Nieuw-Guinea (11,5%), Cyprus (11,7%).

De waarde van het transport per hoofd in West-Afrika was $106,1 in de jaren 1970s, en was vergelijkbaar met Hongarije (US$105,7), Panama (US$105,7), Oost-Europa (US$106,8). De toegevoegde waarde van het transport per hoofd in West-Afrika was 13,3% lager dan het transport per hoofd van de bevolking in de wereld ($122,3), en was 89,9% hoger dan het transport per hoofd van de bevolking in Afrika ($122,3).

De groei van het transport in West-Afrika bedroeg 7.8% in de jaren 1970, en was vergelijkbaar met Vanuatu (7,7%), de Dominicaanse Republiek (7,7%), Belize (7,8%). De groei van het transport in West-Afrika (7,8%) was groter dan de groei van het transport in de wereld (4,6%), was groter dan de groei van het transport in Afrika (6,8%).

Vergelijking met subregio's. De waarde van het transport in West-Afrika was groter dan in Zuidelijk Afrika (US$3,4 miljard), in Noord-Afrika (US$3,1 miljard), in Oost-Afrika (US$2,1 miljard) en in Centraal-Afrika (US$1,7 miljard). De sector van het transport per hoofd in West-Afrika was in West-Afrika groter dan in Centraal-Afrika (US$36,4), in Noord-Afrika (US$31,8) en in Oost-Afrika (US$17,6); maar minder dan in Zuidelijk Afrika (US$121,2). De groei van het transport in West-Afrika was groter dan in Zuidelijk Afrika (5,5%), in Oost-Afrika (2,5%) en in Centraal-Afrika (1,3%); maar minder dan in Noord-Afrika (10,7%).

Leiders. De toegevoegde waarde van het transport in West-Afrika in de jaren 1970 bestond uit: Nigeria (90,4%), Ghana (2,9%), Ivoorkust (2,6%), Senegal (0,95%), Sierra Leone (0,57%), en andere (2,6%). Het aandeel van het transport in economie van de leiders: Nigeria (12,9%), Sierra Leone (10,8%), Ivoorkust (8,2%), Ghana (6,9%) en Senegal (5,8%). De toegevoegde waarde van het transport per hoofd in West-Afrika onder de leiders: Nigeria ($181,5), Ivoorkust ($51,9), Ghana ($36,8), Senegal ($24,8) en Sierra Leone ($23,8). De groei van het transport onder de leiders: Ivoorkust (8,1%), Nigeria (7,6%), Sierra Leone (4,3%), Ghana (3,4%) en Senegal (1,5%).

de jaren 1980

De sector van het transport in West-Afrika bedroeg in de jaren 1980 US$25,3 miljard per jaar, en was vergelijkbaar met Zuidwest-Azië (US$25,1 miljard). Het aandeel in de wereld was 2,2%, en 51,6% in Afrika.

Het aandeel van het transport in de economie van West-Afrika was 12,7% in de jaren 1980, en was vergelijkbaar met Saint Lucia (12,7%), Groenland (12,6%).

De toegevoegde waarde van het transport per hoofd in West-Afrika was $161,7 in de jaren 1980s, en was vergelijkbaar met Ecuador (US$161,5), Dominica (US$161,4), de Cookeilanden (US$159,9). Het vervoer per hoofd in West-Afrika was 33,2% lager dan het transport per hoofd van de bevolking in de wereld ($242,0), en was 79,0% hoger dan het transport per hoofd van de bevolking in Afrika ($242,0).

De groei van het transport in West-Afrika bedroeg -4% in de jaren 1980. De groei van het transport in West-Afrika (-4,0%) was minder dan de groei van het transport in de wereld (3,4%), was minder dan de groei van het transport in Afrika (-0,23%).

Vergelijking met subregio's. De toegevoegde waarde van het transport in West-Afrika was groter dan in Noord-Afrika (US$9,0 miljard), in Zuidelijk Afrika (US$7,4 miljard), in Oost-Afrika (US$3,9 miljard) en in Centraal-Afrika (US$3,4 miljard). De waarde van het transport per hoofd in West-Afrika was in West-Afrika groter dan in Noord-Afrika (US$71,3), in Centraal-Afrika (US$56,4) en in Oost-Afrika (US$23,9); maar minder dan in Zuidelijk Afrika (US$201,2). De groei van het transport in West-Afrika was minder dan in Noord-Afrika (4,8%), in Oost-Afrika (3,1%), in Zuidelijk Afrika (2,2%) en in Centraal-Afrika (2,1%).

Leiders. De waarde van het transport in West-Afrika in de jaren 1980 bestond uit: Nigeria (89,8%), Ghana (3,1%), Ivoorkust (2,6%), Senegal (0,96%), Sierra Leone (0,66%), en andere (2,9%). Het aandeel van het transport in economie van de leiders: Nigeria (14,1%), Sierra Leone (13,4%), Ghana (9,1%), Ivoorkust (7,8%) en Senegal (5,5%). De sector van het transport per hoofd in West-Afrika onder de leiders: Nigeria ($273,9), Ivoorkust ($66,8), Ghana ($62,2), Sierra Leone ($43,7) en Senegal ($37,9). De groei van het transport onder de leiders: Ghana (5,0%), Senegal (3,7%), Nigeria (-0,76%), Sierra Leone (-1,7%) en Ivoorkust (-4,9%).

de jaren 1990

Het transport van West-Afrika bedroeg in de jaren 1990 US$6,4 miljard per jaar, en was vergelijkbaar met Saoedi-Arabië (US$6,5 miljard). Het aandeel in de wereld was 0,28%, en 14,4% in Afrika.

Het aandeel van het transport in de economie van West-Afrika was 5,9% in de jaren 1990, en was vergelijkbaar met Nepal (5,9%), Argentinië (5,8%), Benin (5,9%).

De toegevoegde waarde van het transport per hoofd in West-Afrika was $31,6 in de jaren 1990s, en was vergelijkbaar met Gambia (US$31,8), Mauritanië (US$32,3), Kenia (US$30,9). De waarde van het transport per hoofd in West-Afrika was in 13,0 keer lager dan het transport per hoofd van de bevolking in de wereld ($409,5), en was 49,9% lager dan het transport per hoofd van de bevolking in Afrika ($409,5).

De groei van het transport in West-Afrika bedroeg 2.9% in de jaren 1990, en was vergelijkbaar met Saoedi-Arabië (2,9%). De groei van het transport in West-Afrika (2,9%) was minder dan de groei van het transport in de wereld (4,0%), was minder dan de groei van het transport in Afrika (3,3%).

Vergelijking met subregio's. De sector van het transport in West-Afrika was groter dan in Oost-Afrika (US$4,9 miljard) en in Centraal-Afrika (US$3,6 miljard); maar minder dan in Noord-Afrika (US$16,9 miljard) en in Zuidelijk Afrika (US$12,9 miljard). De sector van het transport per hoofd in West-Afrika was in West-Afrika groter dan in Oost-Afrika (US$22,9); maar minder dan in Zuidelijk Afrika (US$275,5), in Noord-Afrika (US$105,8) en in Centraal-Afrika (US$43,7). De groei van het transport in West-Afrika was groter dan in Centraal-Afrika (-0,72%); maar minder dan in Zuidelijk Afrika (4,2%), in Oost-Afrika (4,2%) en in Noord-Afrika (3,9%).

Leiders. De waarde van het transport in West-Afrika in de jaren 1990 bestond uit: Nigeria (46,4%), Ghana (18,7%), Ivoorkust (11,2%), Senegal (6,1%), Guinee (3,8%), en andere (13,9%). Het aandeel van het transport in economie van de leiders: Ghana (8,7%), Ivoorkust (6,5%), Senegal (6,0%), Nigeria (5,4%) en Guinee (4,9%). De waarde van het transport per hoofd in West-Afrika onder de leiders: Ghana ($71,6), Ivoorkust ($51,4), Senegal ($45,8), Guinee ($33,7) en Nigeria ($27,9). De groei van het transport onder de leiders: Ghana (7,0%), Nigeria (5,2%), Senegal (4,7%), Guinee (4,2%) en Ivoorkust (2,4%).

de jaren 2000

Het transport van West-Afrika bedroeg in de jaren 2000 US$19,3 miljard per jaar, en was vergelijkbaar met Hongkong (US$19,4 miljard). Het aandeel in de wereld was 0,48%, en 21,5% in Afrika.

Het aandeel van het transport in de economie van West-Afrika was 7,4% in de jaren 2000, en was vergelijkbaar met Suriname (7,4%), Honduras (7,4%), Aruba (7,4%).

De waarde van het transport per hoofd in West-Afrika was $72,9 in de jaren 2000s, en was vergelijkbaar met Angola (US$74,3), Oezbekistan (US$71,2). Het vervoer per hoofd in West-Afrika was in 8,5 keer lager dan het transport per hoofd van de bevolking in de wereld ($621,1), en was 26,7% lager dan het transport per hoofd van de bevolking in Afrika ($621,1).

De groei van het transport in West-Afrika bedroeg 8.9% in de jaren 2000, en was vergelijkbaar met Laos (8,8%), Iran (8,8%), China (8,8%). De groei van het transport in West-Afrika (8,9%) was groter dan de groei van het transport in de wereld (3,9%), was groter dan de groei van het transport in Afrika (7,8%).

Vergelijking met subregio's. Het transport van West-Afrika was groter dan in Oost-Afrika (US$9,9 miljard) en in Centraal-Afrika (US$6,1 miljard); maar minder dan in Noord-Afrika (US$32,6 miljard) en in Zuidelijk Afrika (US$22,1 miljard). Het vervoer per hoofd in

West-Afrika was in West-Afrika groter dan in Centraal-Afrika (US$55,3) en in Oost-Afrika (US$34,8); maar minder dan in Zuidelijk Afrika (US$405,7) en in Noord-Afrika (US$171,1). De groei van het transport in West-Afrika was groter dan in Noord-Afrika (7,9%), in Oost-Afrika (7,5%), in Centraal-Afrika (7,0%) en in Zuidelijk Afrika (5,6%).

Leiders. Het transport van West-Afrika in de jaren 2000 bestond uit: Nigeria (68,2%), Ghana (9,3%), Ivoorkust (6,3%), Senegal (4,9%), Mali (1,8%), en andere (9,6%). Het aandeel van het transport in economie van de leiders: Senegal (9,3%), Ghana (8,3%), Ivoorkust (7,8%), Nigeria (7,4%) en Mali (6,2%). Het vervoer per hoofd in West-Afrika onder de leiders: Nigeria ($95,8), Senegal ($85,4), Ghana ($83,0), Ivoorkust ($66,9) en Mali ($28,0). De groei van het transport onder de leiders: Nigeria (23,1%), Senegal (11,1%), Ghana (6,2%), Mali (5,6%) en Ivoorkust (1,9%).

de jaren 2010

De sector van het transport in West-Afrika bedroeg in de jaren 2010 US$70,0 miljard per jaar. Het aandeel in de wereld was 1,1%, en 34,5% in Afrika.

Het aandeel van het transport in de economie van West-Afrika was 11,1% in de jaren 2010, en was vergelijkbaar met Tsjechië (11,1%), Polynesië (11,2%), Palau (11,2%).

Het vervoer per hoofd in West-Afrika was $201,2 in de jaren 2010s. De waarde van het transport per hoofd in West-Afrika was in 4,3 keer lager dan het transport per hoofd van de bevolking in de wereld ($864,8), en was 15,8% hoger dan het transport per hoofd van de bevolking in Afrika ($864,8).

De groei van het transport in West-Afrika bedroeg 2.9% in de jaren 2010, en was vergelijkbaar met Nieuw-Caledonië (2,8%), de Caraïben (2,8%). De groei van het transport in West-Afrika (2,9%) was minder dan de groei van het transport in de wereld (4,0%), was minder dan de groei van het transport in Afrika (3,8%).

Vergelijking met subregio's. De toegevoegde waarde van het transport in West-Afrika was 16,1% groter dan in Noord-Afrika (US$60,3 miljard), 2,1 keer groter dan in Zuidelijk Afrika (US$33,5 miljard), 2,9 keer groter dan in Oost-Afrika (US$24,5 miljard) en 4,8 keer groter dan in Centraal-Afrika (US$14,6 miljard). De toegevoegde waarde van het transport per hoofd in West-Afrika was in West-Afrika2,1 keer groter dan in Centraal-Afrika (US$95,8) en 3,2 keer groter dan in Oost-Afrika (US$63,7); maar 2,7 keer minder dan in Zuidelijk Afrika (US$536,4) en 26,1% minder dan in Noord-Afrika (US$272,4). De groei van het transport in West-Afrika was groter dan in Zuidelijk Afrika (2,1%); maar minder dan in Oost-Afrika (7,6%), in Centraal-Afrika (5,1%) en in Noord-Afrika (4,2%).

Leiders. De toegevoegde waarde van het transport in West-Afrika in de jaren 2010 bestond uit: Nigeria (77,1%), Ivoorkust (7,0%), Ghana (6,3%), Senegal (2,5%), Benin (1,7%), en andere (5,5%). Het aandeel van het transport in economie van de leiders: Nigeria (12,1%), Ivoorkust (12,1%), Benin (11,7%), Senegal (9,6%) en Ghana (8,4%). De sector van het transport per hoofd in West-Afrika onder de leiders: Nigeria ($301,1), Ivoorkust ($213,0), Ghana ($160,3), Senegal ($119,4) en Benin ($112,3). De groei van het transport onder de leiders: Ghana (9,1%), Benin (8,9%), Nigeria (7,0%), Senegal (4,3%) en Ivoorkust (-12,8%).

Hoofdstuk VIII. Handel

Groothandel, detailhandel, restaurants en hotels (ISIC G-H)

De toegevoegde waarde van de handel in West-Afrika steeg van US$11,6 miljard per jaar in de jaren 1970 tot US$109,3 miljard per jaar in de jaren 2010, dat wil zeggen met US$97,7 miljard of 9,4 keer. De verandering vond plaats op US$58,6 miljard als gevolg van een 2,2-voudige stijging van de prijzen, en ook op US$16,8 miljard als gevolg van een 1,5-voudige toename van de productiviteit , evenals op US$22,3 miljard als gevolg van de toename van de bevolking. De gemiddelde jaarlijkse groei van de handel is 3,8%. De minimumwaarde van de handel bedroeg US$4,4 miljard in 1970. De maximumwaarde van de handel bedroeg US$131,2 miljard in 2014.

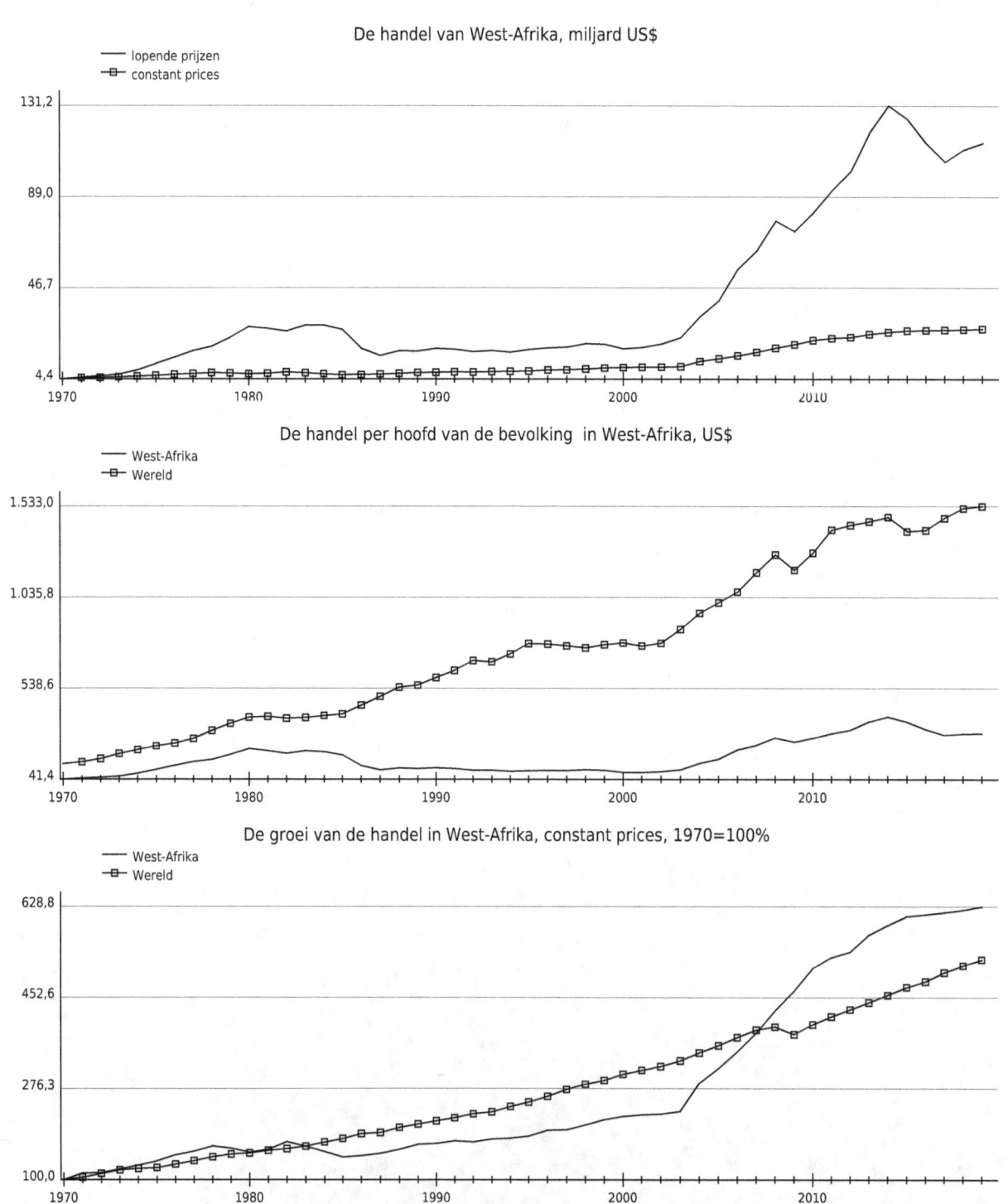

De handel van West-Afrika, miljard US$

De handel per hoofd van de bevolking in West-Afrika, US$

De groei van de handel in West-Afrika, constant prices, 1970=100%

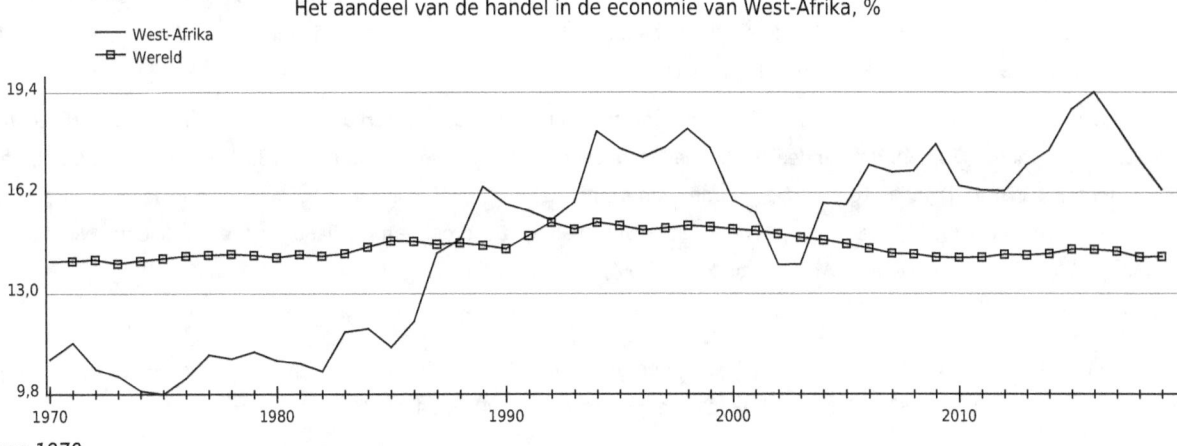

Het aandeel van de handel in de economie van West-Afrika, %

de jaren 1970

De sector van de handel in West-Afrika bedroeg in de jaren 1970 US$11,6 miljard per jaar, en was vergelijkbaar met de Nederland (US$11,6 miljard), Australazië (US$11,8 miljard). Het aandeel in de wereld was 1,3%, en 38,4% in Afrika.

Het aandeel van de handel in de economie van West-Afrika was 10,7% in de jaren 1970, en was vergelijkbaar met Macau (10,6%), Mauritius (10,7%), Israël (10,7%).

De toegevoegde waarde van de handel per hoofd in West-Afrika was $97,4 in de jaren 1970s, en was vergelijkbaar met Namibië (US$96,0), Albanië (US$99,4), Guinee (US$99,8). De handel per hoofd in West-Afrika was in 2,3 keer lager dan de handel per hoofd van de bevolking in de wereld ($221,0), en was 32,0% hoger dan de handel per hoofd van de bevolking in Afrika ($221,0).

De groei van de handel in West-Afrika bedroeg 5.4% in de jaren 1970, en was vergelijkbaar met Cyprus (5,4%), Cuba (5,4%). De groei van de handel in West-Afrika (5,4%) was groter dan de groei van de handel in de wereld (4,5%), was groter dan de groei van de handel in Afrika (4,6%).

Vergelijking met subregio's. De handel van West-Afrika was groter dan in Noord-Afrika (US$6,7 miljard), in Zuidelijk Afrika (US$4,6 miljard), in Oost-Afrika (US$4,1 miljard) en in Centraal-Afrika (US$3,3 miljard). De waarde van de handel per hoofd in West-Afrika was in West-Afrika groter dan in Centraal-Afrika (US$71,7), in Noord-Afrika (US$69,8) en in Oost-Afrika (US$33,7); maar minder dan in Zuidelijk Afrika (US$163,1). De groei van de handel in West-Afrika was groter dan in Zuidelijk Afrika (2,8%), in Oost-Afrika (2,3%) en in Centraal-Afrika (1,8%); maar minder dan in Noord-Afrika (7,7%).

Leiders. De handel van West-Afrika in de jaren 1970 bestond uit: Nigeria (72,8%), Ivoorkust (8,2%), Guinee (3,8%), Ghana (3,2%), Senegal (2,9%), en andere (9,1%). Het aandeel van de handel in economie van de leiders: Guinee (33,8%), Ivoorkust (23,7%), Senegal (16,1%), Nigeria (9,5%) en Ghana (7,1%). De toegevoegde waarde van de handel per hoofd in West-Afrika onder de leiders: Ivoorkust ($150,7), Nigeria ($134,2), Guinee ($99,8), Senegal ($69,2) en Ghana ($37,5). De groei van de handel onder de leiders: Ivoorkust (7,2%), Nigeria (4,7%), Guinee (3,0%), Senegal (1,4%) en Ghana (-0,97%).

de jaren 1980

De handel van West-Afrika bedroeg in de jaren 1980 US$23,7 miljard per jaar, en was vergelijkbaar met Australië (US$23,9 miljard), de Nederland (US$23,5 miljard). Het aandeel in de wereld was 1,1%, en 36,0% in Afrika.

Het aandeel van de handel in de economie van West-Afrika was 11,9% in de jaren 1980, en was vergelijkbaar met Zuid-Amerika (11,9%), Zuidwest-Azië (11,9%), IJsland (11,9%).

De waarde van de handel per hoofd in West-Afrika was $151,9 in de jaren 1980s, en was vergelijkbaar met Brazilië (US$151,8), Irak (US$152,2), Namibië (US$149,1). De toegevoegde waarde van de handel per hoofd in West-Afrika was in 2,9 keer lager dan de handel per hoofd van de bevolking in de wereld ($437,7), en was 24,7% hoger dan de handel per hoofd van de bevolking in Afrika ($437,7).

De groei van de handel in West-Afrika bedroeg 0.5% in de jaren 1980. De groei van de handel in West-Afrika (0,47%) was minder dan de groei van de handel in de wereld (3,3%), was minder dan de groei van de handel in Afrika (2,7%).

Vergelijking met subregio's. De waarde van de handel in West-Afrika was groter dan in Noord-Afrika (US$18,5 miljard), in Zuidelijk Afrika (US$10,2 miljard), in Oost-Afrika (US$8,2 miljard) en in Centraal-Afrika (US$5,4 miljard). De waarde van de handel per hoofd in

West-Afrika was in West-Afrika groter dan in Noord-Afrika (US$146,4), in Centraal-Afrika (US$90,2) en in Oost-Afrika (US$50,4); maar minder dan in Zuidelijk Afrika (US$277,1). De groei van de handel in West-Afrika was minder dan in Noord-Afrika (4,9%), in Zuidelijk Afrika (3,2%), in Centraal-Afrika (2,8%) en in Oost-Afrika (2,8%).

Leiders. De handel van West-Afrika in de jaren 1980 bestond uit: Nigeria (70,8%), Ivoorkust (6,4%), Ghana (5,1%), Guinee (4,3%), Senegal (2,8%), en andere (10,5%). Het aandeel van de handel in economie van de leiders: Guinee (33,9%), Ivoorkust (18,2%), Senegal (15,2%), Ghana (14,1%) en Nigeria (10,5%). De waarde van de handel per hoofd in West-Afrika onder de leiders: Nigeria ($202,9), Guinee ($186,9), Ivoorkust ($156,5), Senegal ($104,9) en Ghana ($95,9). De groei van de handel onder de leiders: Nigeria (3,5%), Guinee (3,0%), Ghana (2,7%), Senegal (2,4%) en Ivoorkust (-3,5%).

de jaren 1990

De sector van de handel in West-Afrika bedroeg in de jaren 1990 US$18,5 miljard per jaar, en was vergelijkbaar met Zuid-Afrika (US$18,5 miljard), Portugal (US$18,3 miljard). Het aandeel in de wereld was 0,45%, en 21,8% in Afrika.

Het aandeel van de handel in de economie van West-Afrika was 16,9% in de jaren 1990, en was vergelijkbaar met Italië (16,9%), Vietnam (16,9%), Turkije (16,9%).

De sector van de handel per hoofd in West-Afrika was $91,1 in de jaren 1990s, en was vergelijkbaar met Centraal-Azië (US$89,9), Bosnië en Herzegovina (US$93,3). De toegevoegde waarde van de handel per hoofd in West-Afrika was in 7,9 keer lager dan de handel per hoofd van de bevolking in de wereld ($721,8), en was 24,3% lager dan de handel per hoofd van de bevolking in Afrika ($721,8).

De groei van de handel in West-Afrika bedroeg 2.5% in de jaren 1990, en was vergelijkbaar met Tsjaad (2,5%), Nieuw-Zeeland (2,5%). De groei van de handel in West-Afrika (2,5%) was minder dan de groei van de handel in de wereld (3,5%), was minder dan de groei van de handel in Afrika (2,8%).

Vergelijking met subregio's. De sector van de handel in West-Afrika was groter dan in Oost-Afrika (US$10,8 miljard) en in Centraal-Afrika (US$6,0 miljard); maar minder dan in Noord-Afrika (US$30,2 miljard) en in Zuidelijk Afrika (US$19,6 miljard). De handel per hoofd in West-Afrika was in West-Afrika groter dan in Centraal-Afrika (US$73,5) en in Oost-Afrika (US$50,0); maar minder dan in Zuidelijk Afrika (US$420,4) en in Noord-Afrika (US$189,4). De groei van de handel in West-Afrika was groter dan in Zuidelijk Afrika (2,1%) en in Centraal-Afrika (-1,3%); maar minder dan in Noord-Afrika (4,3%) en in Oost-Afrika (3,9%).

Leiders. De handel van West-Afrika in de jaren 1990 bestond uit: Nigeria (48,7%), Ivoorkust (10,6%), Ghana (9,8%), Guinee (8,5%), Senegal (5,6%), en andere (16,8%). Het aandeel van de handel in economie van de leiders: Guinee (31,7%), Ivoorkust (17,9%), Nigeria (16,3%), Senegal (15,7%) en Ghana (13,2%). De handel per hoofd in West-Afrika onder de leiders: Guinee ($218,6), Ivoorkust ($141,4), Senegal ($120,4), Ghana ($108,5) en Nigeria ($84,5). De groei van de handel onder de leiders: Ghana (7,8%), Guinee (3,7%), Ivoorkust (2,7%), Senegal (2,5%) en Nigeria (2,0%).

de jaren 2000

De toegevoegde waarde van de handel in West-Afrika bedroeg in de jaren 2000 US$42,6 miljard per jaar. Het aandeel in de wereld was 0,66%, en 28,6% in Afrika.

Het aandeel van de handel in de economie van West-Afrika was 16,4% in de jaren 2000, en was vergelijkbaar met Japan (16,5%).

De toegevoegde waarde van de handel per hoofd in West-Afrika was $160,4 in de jaren 2000s, en was vergelijkbaar met Djibouti (US$162,7), Congo-Brazzaville (US$163,7), Afrika (US$164,0). De sector van de handel per hoofd in West-Afrika was in 6,2 keer lager dan de handel per hoofd van de bevolking in de wereld ($990,3), en was 2,2% lager dan de handel per hoofd van de bevolking in Afrika ($990,3).

De groei van de handel in West-Afrika bedroeg 8% in de jaren 2000, en was vergelijkbaar met Mongolië (7,9%), Burkina Faso (8,0%). De groei van de handel in West-Afrika (8,0%) was groter dan de groei van de handel in de wereld (2,7%), was groter dan de groei van de handel in Afrika (5,9%).

Vergelijking met subregio's. De waarde van de handel in West-Afrika was groter dan in Zuidelijk Afrika (US$30,3 miljard), in Oost-Afrika (US$17,0 miljard) en in Centraal-Afrika (US$13,0 miljard); maar minder dan in Noord-Afrika (US$45,8 miljard). De sector van de handel per hoofd in West-Afrika was in West-Afrika groter dan in Centraal-Afrika (US$116,9) en in Oost-Afrika (US$59,5); maar minder dan in Zuidelijk Afrika (US$557,8) en in Noord-Afrika (US$240,7). De groei van de handel in West-Afrika was groter dan in Centraal-Afrika (7,8%), in Oost-Afrika (5,6%), in Noord-Afrika (4,5%) en in Zuidelijk Afrika (4,0%).

Leiders. De waarde van de handel in West-Afrika in de jaren 2000 bestond uit: Nigeria (71,0%), Ghana (7,4%), Ivoorkust (4,7%), Senegal (3,8%), Guinee (2,7%), en andere (10,5%). Het aandeel van de handel in economie van de leiders: Guinee (23,3%), Nigeria (17,0%), Senegal (16,0%), Ghana (14,6%) en Ivoorkust (12,7%). De toegevoegde waarde van de handel per hoofd in West-Afrika onder de leiders: Nigeria ($219,6), Senegal ($147,0), Ghana ($146,0), Guinee ($124,7) en Ivoorkust ($109,6). De groei van de handel onder de leiders: Nigeria (12,0%), Ghana (5,8%), Senegal (3,0%), Guinee (1,3%) en Ivoorkust (0,80%).

de jaren 2010

De sector van de handel in West-Afrika bedroeg in de jaren 2010 US$109,3 miljard per jaar. Het aandeel in de wereld was 1,0%, en 32,1% in Afrika.

Het aandeel van de handel in de economie van West-Afrika was 17,4% in de jaren 2010, en was vergelijkbaar met Ethiopië (17,4%), Oostenrijk (17,3%), Oeganda (17,3%).

De sector van de handel per hoofd in West-Afrika was $314,3 in de jaren 2010s, en was vergelijkbaar met Tuvalu (US$313,6), Ghana (US$310,6), Libië (US$319,4). De handel per hoofd in West-Afrika was in 4,6 keer lager dan de handel per hoofd van de bevolking in de wereld ($1.436,8), en was 7,7% hoger dan de handel per hoofd van de bevolking in Afrika ($1.436,8).

De groei van de handel in West-Afrika bedroeg 3.1% in de jaren 2010, en was vergelijkbaar met Ierland (3,1%), Hongkong (3,1%), Bosnië en Herzegovina (3,1%). De groei van de handel in West-Afrika (3,1%) was minder dan de groei van de handel in de wereld (3,3%), was minder dan de groei van de handel in Afrika (3,4%).

Vergelijking met subregio's. De waarde van de handel in West-Afrika was 14,2% groter dan in Noord-Afrika (US$95,7 miljard), 2,0 keer groter dan in Zuidelijk Afrika (US$53,4 miljard), 2,5 keer groter dan in Oost-Afrika (US$44,0 miljard) en 2,9 keer groter dan in Centraal-Afrika (US$38,4 miljard). De handel per hoofd in West-Afrika was in West-Afrika24,8% groter dan in Centraal-Afrika (US$251,9) en 2,7 keer groter dan in Oost-Afrika (US$114,5); maar 2,7 keer minder dan in Zuidelijk Afrika (US$853,8) en 27,3% minder dan in Noord-Afrika (US$432,5). De groei van de handel in West-Afrika was groter dan in Centraal-Afrika (2,9%) en in Zuidelijk Afrika (2,3%); maar minder dan in Oost-Afrika (6,7%) en in Noord-Afrika (3,2%).

Leiders. De toegevoegde waarde van de handel in West-Afrika in de jaren 2010 bestond uit: Nigeria (74,4%), Ghana (7,8%), Ivoorkust (5,2%), Senegal (2,6%), Guinee (1,6%), en andere (8,4%). Het aandeel van de handel in economie van de leiders: Guinee (21,6%), Nigeria (18,3%), Ghana (16,4%), Senegal (15,6%) en Ivoorkust (13,9%). De waarde van de handel per hoofd in West-Afrika onder de leiders: Nigeria ($454,3), Ghana ($310,6), Ivoorkust ($244,8), Senegal ($193,4) en Guinee ($156,7). De groei van de handel onder de leiders: Ghana (6,2%), Senegal (5,1%), Guinee (4,3%), Nigeria (3,8%) en Ivoorkust (-5,8%).

Hoofdstuk IX. Diensten

(ISIC J-P)

De toegevoegde waarde van de diensten in West-Afrika steeg van US$26,4 miljard per jaar in de jaren 1970 tot US$148,9 miljard per jaar in de jaren 2010, dat wil zeggen met US$122,5 miljard of 5,6 keer. De verandering vond plaats op -US$31,8 miljard als gevolg van een 1,2-voudige daling van de prijzen, en ook op US$103,7 miljard als gevolg van een 2,3-voudige toename van de productiviteit , evenals op US$50,6 miljard als gevolg van de toename van de bevolking. De gemiddelde jaarlijkse groei van de diensten is 5,3%. De minimumwaarde van de diensten bedroeg US$9,9 miljard in 1970. De maximumwaarde van de diensten bedroeg US$181,2 miljard in 2014.

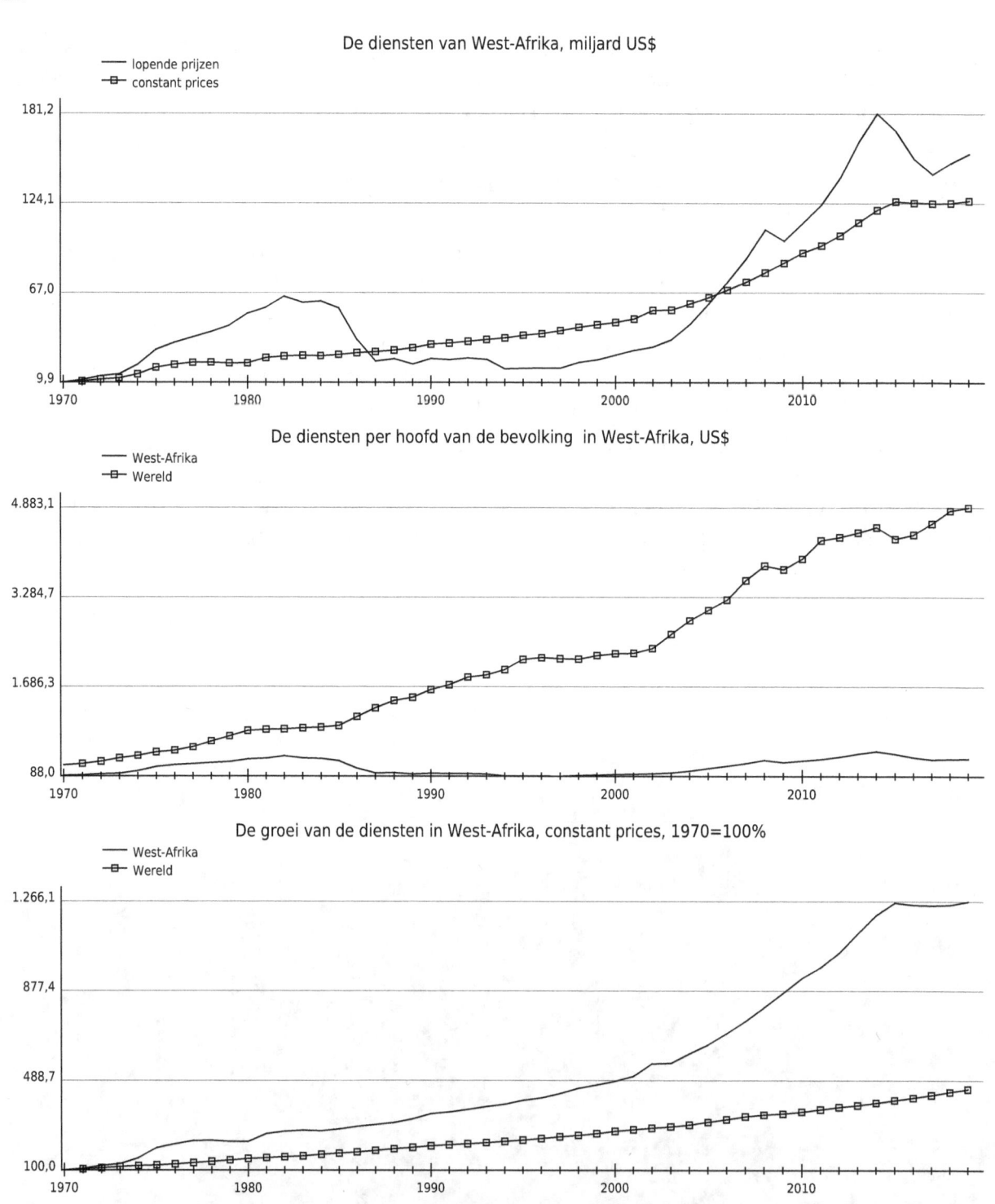

De diensten van West-Afrika, miljard US$

De diensten per hoofd van de bevolking in West-Afrika, US$

De groei van de diensten in West-Afrika, constant prices, 1970=100%

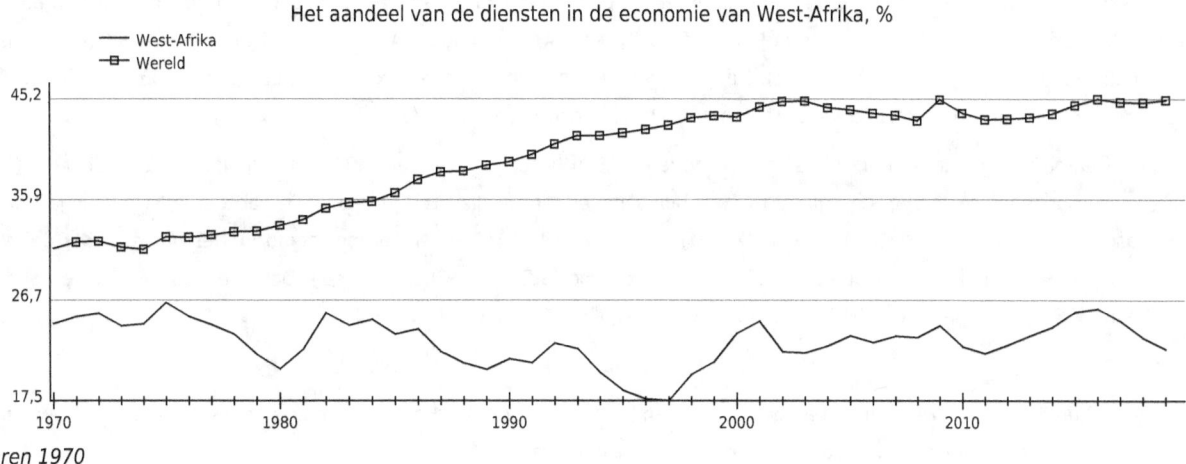

Het aandeel van de diensten in de economie van West-Afrika, %

de jaren 1970

De toegevoegde waarde van de diensten in West-Afrika bedroeg in de jaren 1970 US$26,4 miljard per jaar. Het aandeel in de wereld was 1,3%, en 41,2% in Afrika.

Het aandeel van de diensten in de economie van West-Afrika was 24,2% in de jaren 1970, en was vergelijkbaar met Saoedi-Arabië (24,3%), Marokko (24,4%).

De sector van de diensten per hoofd in West-Afrika was $221,4 in de jaren 1970s, en was vergelijkbaar met Vanuatu (US$225,4). De diensten per hoofd in West-Afrika waren in 2,3 keer lager dan de diensten per hoofd van de bevolking in de wereld ($506,9), en waren 41,9% hoger dan de diensten per hoofd van de bevolking in Afrika ($506,9).

De groei van de diensten in West-Afrika bedroeg 9.3% in de jaren 1970, en was vergelijkbaar met Malawi (9,2%). De groei van de diensten in West-Afrika (9,3%) was groter dan de groei van de diensten in de wereld (4,1%), was groter dan de groei van de diensten in Afrika (5,5%).

Vergelijking met subregio's. De toegevoegde waarde van de diensten in West-Afrika was groter dan in Noord-Afrika (US$14,4 miljard), in Zuidelijk Afrika (US$9,9 miljard), in Oost-Afrika (US$7,7 miljard) en in Centraal-Afrika (US$5,6 miljard). De toegevoegde waarde van de diensten per hoofd in West-Afrika was in West-Afrika groter dan in Noord-Afrika (US$149,1), in Centraal-Afrika (US$122,2) en in Oost-Afrika (US$63,9); maar minder dan in Zuidelijk Afrika (US$352,6). De groei van de diensten in West-Afrika was groter dan in Noord-Afrika (8,6%), in Oost-Afrika (5,1%), in Zuidelijk Afrika (3,8%) en in Centraal-Afrika (1,2%).

Leiders. De toegevoegde waarde van de diensten in West-Afrika in de jaren 1970 bestond uit: Nigeria (84,5%), Ghana (3,7%), Ivoorkust (2,8%), Senegal (2,5%), Burkina Faso (1,1%), en andere (5,3%). Het aandeel van de diensten in economie van de leiders: Senegal (31,9%), Burkina Faso (26,3%), Nigeria (25,1%), Ghana (18,7%) en Ivoorkust (18,5%). De sector van de diensten per hoofd in West-Afrika onder de leiders: Nigeria ($354,0), Senegal ($137,2), Ivoorkust ($118,1), Ghana ($99,3) en Burkina Faso ($48,3). De groei van de diensten onder de leiders: Nigeria (11,4%), Ivoorkust (7,0%), Burkina Faso (6,7%), Ghana (2,8%) en Senegal (2,2%).

de jaren 1980

De diensten van West-Afrika bedroegen in de jaren 1980 US$46,2 miljard per jaar, en waren vergelijkbaar met China (US$47,3 miljard). Het aandeel in de wereld was 0,86%, en 36,2% in Afrika.

Het aandeel van de diensten in de economie van West-Afrika was 23,1% in de jaren 1980, en was vergelijkbaar met Noord-Korea (23,2%), Guyana (23,0%).

De waarde van de diensten per hoofd in West-Afrika was $295,8 in de jaren 1980s, en was vergelijkbaar met Honduras (US$293,7), Syrië (US$300,5), Djibouti (US$300,6). De diensten per hoofd in West-Afrika waren in 3,8 keer lager dan de diensten per hoofd van de bevolking in de wereld ($1.115,5), en waren 25,5% hoger dan de diensten per hoofd van de bevolking in Afrika ($1.115,5).

De groei van de diensten in West-Afrika bedroeg 3.7% in de jaren 1980, en was vergelijkbaar met Dominica (3,7%), Finland (3,7%). De groei van de diensten in West-Afrika (3,7%) was groter dan de groei van de diensten in de wereld (3,3%), was minder dan de groei van de diensten in Afrika (3,9%).

Vergelijking met subregio's. De sector van de diensten in West-Afrika was groter dan in Noord-Afrika (US$33,2 miljard), in Zuidelijk

Afrika (US$23,9 miljard), in Oost-Afrika (US$15,0 miljard) en in Centraal-Afrika (US$9,3 miljard). De sector van de diensten per hoofd in West-Afrika was in West-Afrika groter dan in Noord-Afrika (US$263,4), in Centraal-Afrika (US$154,8) en in Oost-Afrika (US$92,5); maar minder dan in Zuidelijk Afrika (US$651,1). De groei van de diensten in West-Afrika was groter dan in Oost-Afrika (3,6%), in Zuidelijk Afrika (3,4%) en in Centraal-Afrika (1,9%); maar minder dan in Noord-Afrika (5,2%).

Leiders. De waarde van de diensten in West-Afrika in de jaren 1980 bestond uit: Nigeria (82,1%), Ivoorkust (4,1%), Senegal (3,3%), Ghana (2,3%), Burkina Faso (1,5%), en andere (6,7%). Het aandeel van de diensten in economie van de leiders: Senegal (34,8%), Burkina Faso (29,7%), Nigeria (23,7%), Ivoorkust (22,8%) en Ghana (12,2%). De diensten per hoofd in West-Afrika onder de leiders: Nigeria ($458,4), Senegal ($240,6), Ivoorkust ($196,4), Burkina Faso ($87,7) en Ghana ($83,2). De groei van de diensten onder de leiders: Ghana (6,5%), Burkina Faso (6,3%), Nigeria (4,1%), Senegal (3,3%) en Ivoorkust (-3,4%).

de jaren 1990

De waarde van de diensten in West-Afrika bedroeg in de jaren 1990 US$22,2 miljard per jaar, en was vergelijkbaar met Nieuw-Zeeland (US$22,0 miljard). Het aandeel in de wereld was 0,19%, en 14,4% in Afrika.

Het aandeel van de diensten in de economie van West-Afrika was 20,2% in de jaren 1990, en was vergelijkbaar met Algerije (20,2%), Burundi (20,2%), Zambia (20,3%).

De sector van de diensten per hoofd in West-Afrika was $109,2 in de jaren 1990s, en was vergelijkbaar met Jemen (US$109,9), Equatoriaal-Guinea (US$110,4), Zuid-Azië (US$107,8). De toegevoegde waarde van de diensten per hoofd in West-Afrika was in 18,5 keer lager dan de diensten per hoofd van de bevolking in de wereld ($2.014,6), en was 49,9% lager dan de diensten per hoofd van de bevolking in Afrika ($2.014,6).

De groei van de diensten in West-Afrika bedroeg 3.9% in de jaren 1990, en was vergelijkbaar met Syrië (3,9%), Grenada (3,9%), Saint Vincent en de Grenadines (3,9%). De groei van de diensten in West-Afrika (3,9%) was groter dan de groei van de diensten in de wereld (2,7%), was groter dan de groei van de diensten in Afrika (2,6%).

Vergelijking met subregio's. De sector van de diensten in West-Afrika was groter dan in Oost-Afrika (US$17,0 miljard) en in Centraal-Afrika (US$9,3 miljard); maar minder dan in Noord-Afrika (US$53,8 miljard) en in Zuidelijk Afrika (US$51,9 miljard). De waarde van de diensten per hoofd in West-Afrika was in West-Afrika groter dan in Oost-Afrika (US$78,7); maar minder dan in Zuidelijk Afrika (US$1.113,5), in Noord-Afrika (US$337,0) en in Centraal-Afrika (US$112,9). De groei van de diensten in West-Afrika was groter dan in Noord-Afrika (3,5%), in Oost-Afrika (2,5%), in Zuidelijk Afrika (2,1%) en in Centraal-Afrika (-1,2%).

Leiders. De sector van de diensten in West-Afrika in de jaren 1990 bestond uit: Nigeria (47,4%), Ivoorkust (11,9%), Senegal (9,7%), Ghana (9,1%), Burkina Faso (4,3%), en andere (17,6%). Het aandeel van de diensten in economie van de leiders: Senegal (32,9%), Burkina Faso (31,5%), Ivoorkust (24,0%), Nigeria (19,1%) en Ghana (14,6%). De waarde van de diensten per hoofd in West-Afrika onder de leiders: Senegal ($251,9), Ivoorkust ($189,0), Ghana ($119,9), Nigeria ($98,7) en Burkina Faso ($96,2). De groei van de diensten onder de leiders: Ghana (7,7%), Burkina Faso (4,3%), Nigeria (4,1%), Senegal (3,3%) en Ivoorkust (2,4%).

de jaren 2000

De toegevoegde waarde van de diensten in West-Afrika bedroeg in de jaren 2000 US$60,5 miljard per jaar, en was vergelijkbaar met Indonesië (US$59,1 miljard). Het aandeel in de wereld was 0,31%, en 21,2% in Afrika.

Het aandeel van de diensten in de economie van West-Afrika was 23,3% in de jaren 2000, en was vergelijkbaar met Mongolië (23,3%), Madagaskar (23,3%), Nigeria (23,2%).

De toegevoegde waarde van de diensten per hoofd in West-Afrika was $228,0 in de jaren 2000s, en was vergelijkbaar met Mauritanië (US$227,8), Zuid-Azië (US$224,8). De waarde van de diensten per hoofd in West-Afrika was in 13,2 keer lager dan de diensten per hoofd van de bevolking in de wereld ($3.011,2), en was 27,5% lager dan de diensten per hoofd van de bevolking in Afrika ($3.011,2).

De groei van de diensten in West-Afrika bedroeg 6.3% in de jaren 2000, en was vergelijkbaar met Laos (6,3%), Turkmenistan (6,4%). De groei van de diensten in West-Afrika (6,3%) was groter dan de groei van de diensten in de wereld (2,9%), was groter dan de groei van de diensten in Afrika (5,1%).

Vergelijking met subregio's. De toegevoegde waarde van de diensten in West-Afrika was groter dan in Oost-Afrika (US$31,1 miljard) en in Centraal-Afrika (US$19,5 miljard); maar minder dan in Zuidelijk Afrika (US$88,7 miljard) en in Noord-Afrika (US$85,2 miljard). De toegevoegde waarde van de diensten per hoofd in West-Afrika was in West-Afrika groter dan in Centraal-Afrika (US$176,0) en in

Oost-Afrika (US$108,9); maar minder dan in Zuidelijk Afrika (US$1.629,5) en in Noord-Afrika (US$447,6). De groei van de diensten in West-Afrika was groter dan in Oost-Afrika (5,7%), in Noord-Afrika (4,9%), in Centraal-Afrika (4,9%) en in Zuidelijk Afrika (4,2%).

Leiders. De waarde van de diensten in West-Afrika in de jaren 2000 bestond uit: Nigeria (68,3%), Ivoorkust (7,5%), Ghana (5,8%), Senegal (5,5%), Burkina Faso (2,9%), en andere (10,1%). Het aandeel van de diensten in economie van de leiders: Senegal (32,8%), Burkina Faso (31,9%), Ivoorkust (28,8%), Nigeria (23,2%) en Ghana (16,2%). De waarde van de diensten per hoofd in West-Afrika onder de leiders: Senegal ($301,0), Nigeria ($300,3), Ivoorkust ($248,3), Ghana ($162,3) en Burkina Faso ($131,6). De groei van de diensten onder de leiders: Nigeria (6,8%), Ghana (6,1%), Burkina Faso (5,1%), Senegal (3,8%) en Ivoorkust (0,50%).

de jaren 2010

De diensten van West-Afrika bedroegen in de jaren 2010 US$148,9 miljard per jaar, en waren vergelijkbaar met Iran (US$148,7 miljard), Denemarken (US$146,7 miljard), Israël (US$146,1 miljard). Het aandeel in de wereld was 0,45%, en 24,1% in Afrika.

Het aandeel van de diensten in de economie van West-Afrika was 23,7% in de jaren 2010, en was vergelijkbaar met Pakistan (23,6%), Malawi (23,7%).

De sector van de diensten per hoofd in West-Afrika was $428,1 in de jaren 2010s, en was vergelijkbaar met Lesotho (US$426,3). De toegevoegde waarde van de diensten per hoofd in West-Afrika was in 10,4 keer lager dan de diensten per hoofd van de bevolking in de wereld ($4.467,8), en was 19,0% lager dan de diensten per hoofd van de bevolking in Afrika ($4.467,8).

De groei van de diensten in West-Afrika bedroeg 3.9% in de jaren 2010, en was vergelijkbaar met Kaapverdië (3,9%). De groei van de diensten in West-Afrika (3,9%) was groter dan de groei van de diensten in de wereld (2,7%), was groter dan de groei van de diensten in Afrika (3,4%).

Vergelijking met subregio's. De waarde van de diensten in West-Afrika was 94,6% groter dan in Oost-Afrika (US$76,6 miljard) en 3,1 keer groter dan in Centraal-Afrika (US$48,2 miljard); maar 22,2% minder dan in Noord-Afrika (US$191,4 miljard) en 2,0% minder dan in Zuidelijk Afrika (US$152,0 miljard). De sector van de diensten per hoofd in West-Afrika was in West-Afrika35,2% groter dan in Centraal-Afrika (US$316,7) en 2,1 keer groter dan in Oost-Afrika (US$199,3); maar 5,7 keer minder dan in Zuidelijk Afrika (US$2,4 duizend) en 2,0 keer minder dan in Noord-Afrika (US$864,5). De groei van de diensten in West-Afrika was groter dan in Noord-Afrika (3,1%), in Centraal-Afrika (2,7%) en in Zuidelijk Afrika (2,4%); maar minder dan in Oost-Afrika (6,0%).

Leiders. De toegevoegde waarde van de diensten in West-Afrika in de jaren 2010 bestond uit: Nigeria (69,5%), Ivoorkust (8,2%), Ghana (6,6%), Senegal (3,9%), Burkina Faso (2,4%), en andere (9,3%). Het aandeel van de diensten in economie van de leiders: Senegal (32,9%), Ivoorkust (30,4%), Burkina Faso (29,9%), Nigeria (23,3%) en Ghana (18,7%). De sector van de diensten per hoofd in West-Afrika onder de leiders: Nigeria ($578,2), Ivoorkust ($533,1), Senegal ($407,8), Ghana ($355,0) en Burkina Faso ($201,6). De groei van de diensten onder de leiders: Burkina Faso (7,5%), Ghana (5,7%), Senegal (4,8%), Nigeria (3,2%) en Ivoorkust (-11,4%).

Part III. Externe betrekkingen

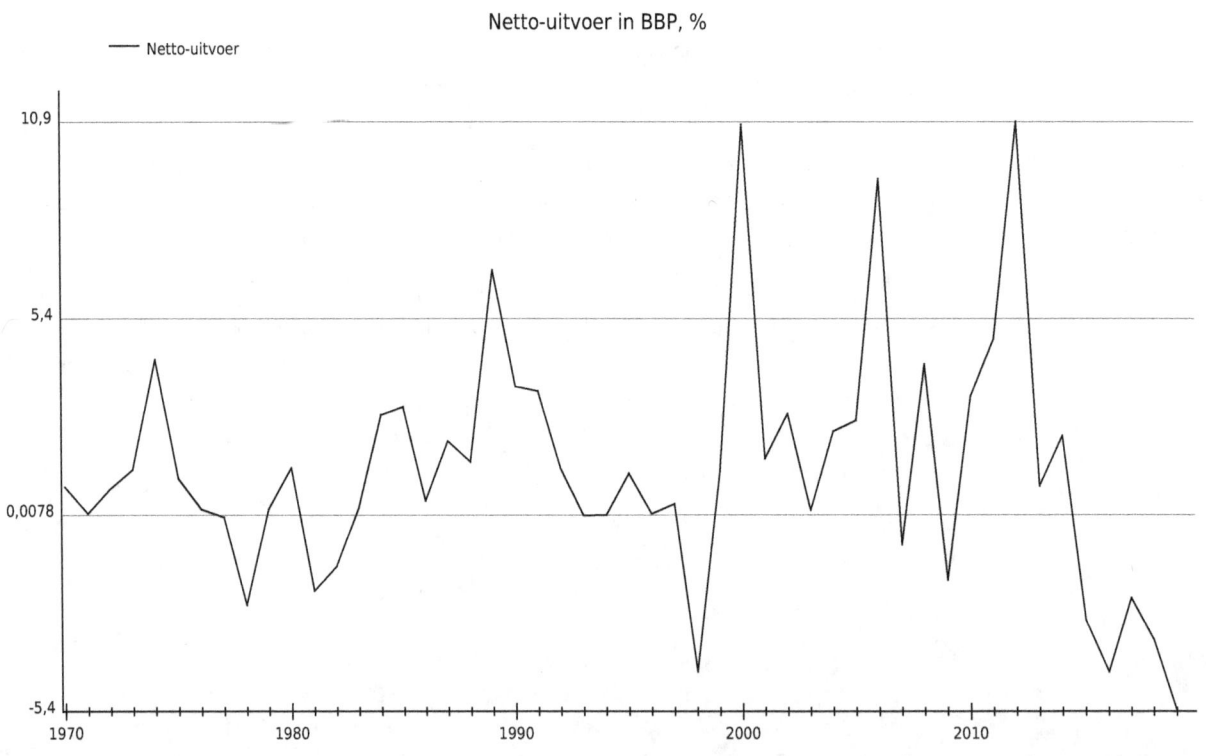

Hoofdstuk X. Uitvoer

Uitvoer van goederen en diensten

De uitvoer van West-Afrika steeg van US$12,1 miljard per jaar in de jaren 1970 tot US$140,0 miljard per jaar in de jaren 2010, dat wil zeggen met US$127,9 miljard of 11,6 keer. De verandering vond plaats op US$75,5 miljard als gevolg van een 2,2-voudige stijging van de prijzen, en ook op US$29,2 miljard als gevolg van een 1,8-voudige toename van het tarief per hoofd , evenals op US$23,2 miljard als gevolg van de toename van de bevolking. De gemiddelde jaarlijkse groei van de export is 4,5%. De minimumwaarde van de export bedroeg US$4,1 miljard in 1970. De maximumwaarde van de export bedroeg US$199,9 miljard in 2012.

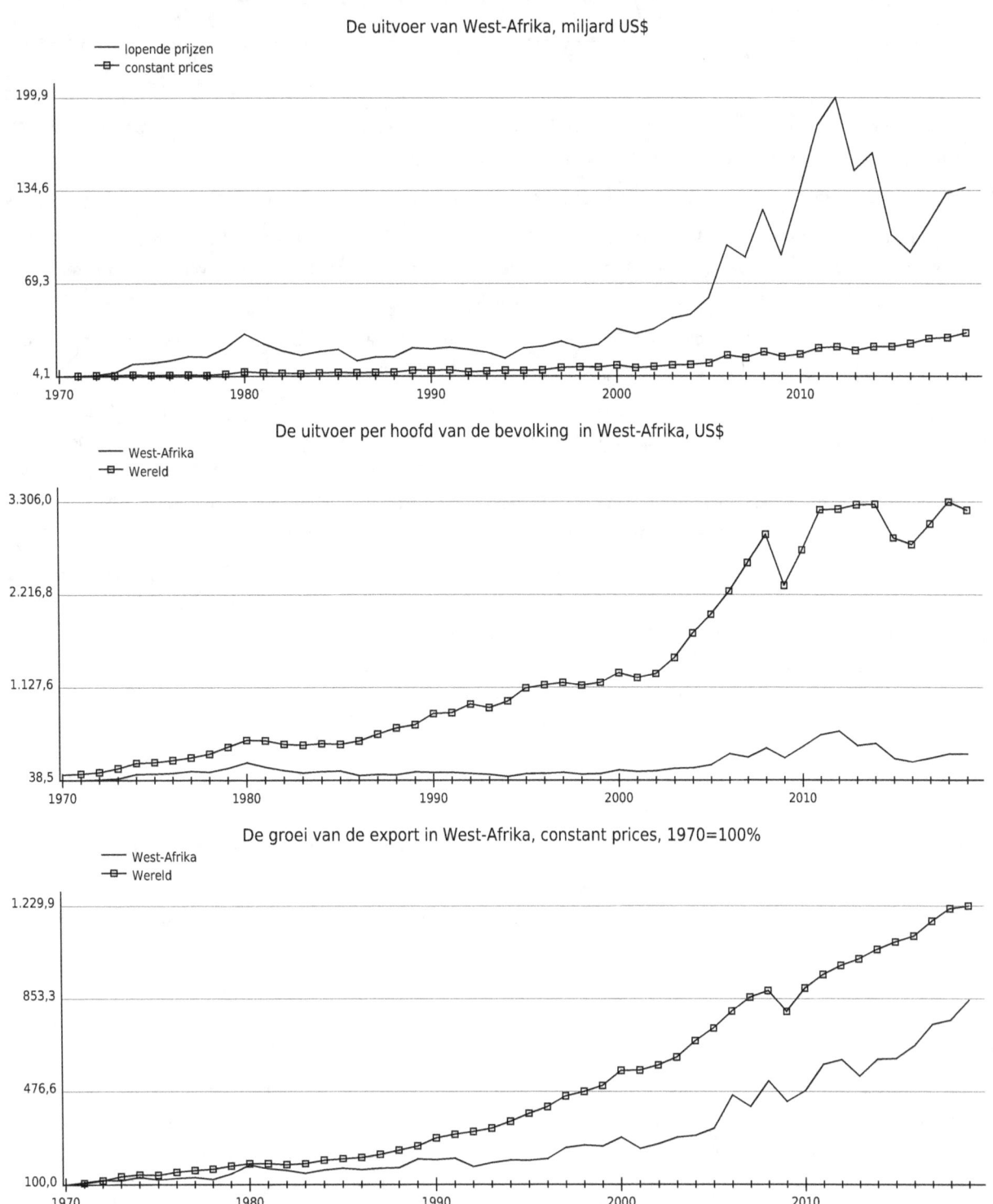

De uitvoer van West-Afrika, miljard US$

De uitvoer per hoofd van de bevolking in West-Afrika, US$

De groei van de export in West-Afrika, constant prices, 1970=100%

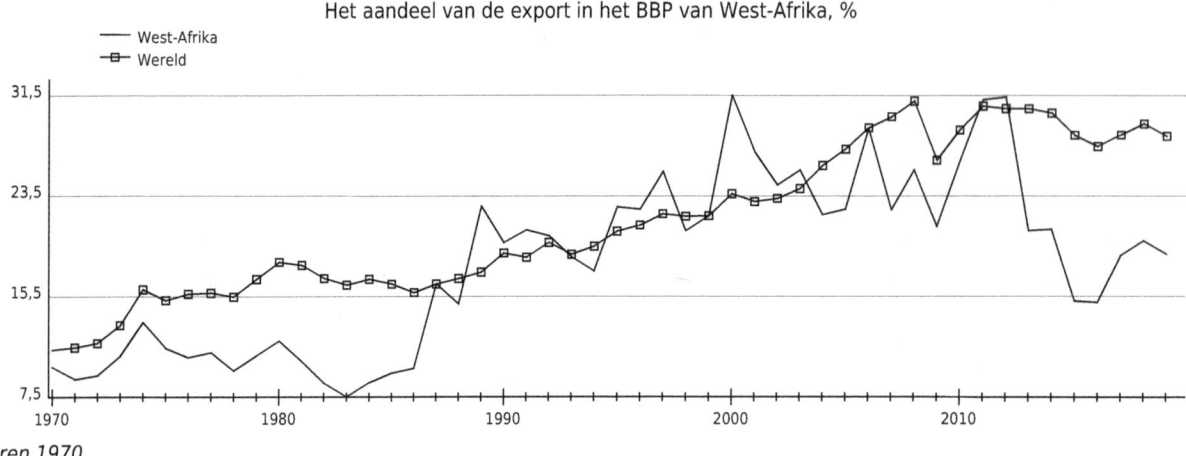

Het aandeel van de export in het BBP van West-Afrika, %

— West-Afrika
—◻— Wereld

de jaren 1970

De uitvoer van West-Afrika bedroeg in de jaren 1970 US$12,1 miljard per jaar, en was vergelijkbaar met Centraal-Amerika (US$12,3 miljard). Het aandeel in de wereld was 1,2%, en 21,6% in Afrika.

Het aandeel van de export in het BBP van West-Afrika was 10,7% in de jaren 1970.

De uitvoer per hoofd in West-Afrika was $101,6 in de jaren 1970s, en was vergelijkbaar met Senegal (US$100,5), Togo (US$100,4). De waarde van de export per hoofd in West-Afrika was in 2,4 keer lager dan de export per hoofd van de bevolking in de wereld ($242,1), en was 25,8% lager dan de export per hoofd van de bevolking in Afrika ($242,1).

De groei van de export in West-Afrika bedroeg 4% in de jaren 1970. De groei van de export in West-Afrika (4,0%) was minder dan de groei van de export in de wereld (6,5%), was minder dan de groei van de export in Afrika (5,7%).

Vergelijking met subregio's. De waarde van de export in West-Afrika was groter dan in Zuidelijk Afrika (US$10,8 miljard), in Centraal-Afrika (US$7,2 miljard) en in Oost-Afrika (US$6,1 miljard); maar minder dan in Noord-Afrika (US$20,0 miljard). De uitvoer per hoofd in West-Afrika was in West-Afrika groter dan in Oost-Afrika (US$50,2); maar minder dan in Zuidelijk Afrika (US$382,8), in Noord-Afrika (US$207,6) en in Centraal-Afrika (US$158,0). De groei van de export in West-Afrika was groter dan in Oost-Afrika (1,8%) en in Zuidelijk Afrika (1,3%); maar minder dan in Noord-Afrika (6,9%) en in Centraal-Afrika (5,0%).

Leiders. De waarde van de export in West-Afrika in de jaren 1970 bestond uit: Nigeria (62,0%), Ivoorkust (13,7%), Senegal (4,0%), Ghana (3,5%), Liberia (3,1%), en andere (13,6%). Het aandeel van de export in BBP van de leiders: Liberia (67,0%), Ivoorkust (39,2%), Senegal (21,2%), Ghana (8,5%) en Nigeria (8,1%). De waarde van de export per hoofd in West-Afrika onder de leiders: Ivoorkust ($263,7), Liberia ($238,4), Nigeria ($119,2), Senegal ($100,5) en Ghana ($43,4). De groei van de export onder de leiders: Nigeria (6,9%), Ivoorkust (4,0%), Senegal (1,5%), Liberia (-1,1%) en Ghana (-4,6%).

de jaren 1980

De uitvoer van West-Afrika bedroeg in de jaren 1980 US$22,1 miljard per jaar, en was vergelijkbaar met Brazilië (US$22,4 miljard). Het aandeel in de wereld was 0,86%, en 20,3% in Afrika.

Het aandeel van de export in het BBP van West-Afrika was 10,9% in de jaren 1980, en was vergelijkbaar met Amerika (10,9%).

De uitvoer per hoofd in West-Afrika was $141,7 in de jaren 1980s, en was vergelijkbaar met Senegal (US$142,2), Indonesië (US$144,1). De uitvoer per hoofd in West-Afrika was in 3,7 keer lager dan de export per hoofd van de bevolking in de wereld ($529,9), en was 29,6% lager dan de export per hoofd van de bevolking in Afrika ($529,9).

De groei van de export in West-Afrika bedroeg 3.5% in de jaren 1980, en was vergelijkbaar met de Caraïben (3,5%), Gabon (3,5%). De groei van de export in West-Afrika (3,5%) was minder dan de groei van de export in de wereld (3,8%), was groter dan de groei van de export in Afrika (-0,87%).

Vergelijking met subregio's. De waarde van de export in West-Afrika was groter dan in Centraal-Afrika (US$13,5 miljard) en in Oost-Afrika (US$9,1 miljard); maar minder dan in Noord-Afrika (US$38,8 miljard) en in Zuidelijk Afrika (US$25,5 miljard). De uitvoer per hoofd in West-Afrika was in West-Afrika groter dan in Oost-Afrika (US$56,1); maar minder dan in Zuidelijk Afrika (US$695,6), in Noord-Afrika (US$307,7) en in Centraal-Afrika (US$224,2). De groei van de export in West-Afrika was groter dan in Oost-Afrika (2,4%), in Zuidelijk Afrika (1,8%) en in Noord-Afrika (-2,4%); maar minder dan in Centraal-Afrika (5,0%).

Leiders. De waarde van de export in West-Afrika in de jaren 1980 bestond uit: Nigeria (61,3%), Ivoorkust (14,3%), Senegal (4,1%), Ghana (2,6%), Togo (2,5%), en andere (15,2%). Het aandeel van de export in BBP van de leiders: Togo (46,0%), Ivoorkust (36,4%), Senegal (19,3%), Nigeria (8,3%) en Ghana (6,7%). De waarde van de export per hoofd in West-Afrika onder de leiders: Ivoorkust ($325,1), Togo ($172,6), Nigeria ($163,8), Senegal ($142,2) en Ghana ($46,1). De groei van de export onder de leiders: Ivoorkust (6,9%), Nigeria (3,6%), Togo (2,8%), Senegal (2,1%) en Ghana (0,58%).

de jaren 1990

De uitvoer van West-Afrika bedroeg in de jaren 1990 US$23,7 miljard per jaar, en was vergelijkbaar met de Filipijnen (US$23,9 miljard). Het aandeel in de wereld was 0,40%, en 16,5% in Afrika.

Het aandeel van de export in het BBP van West-Afrika was 21,1% in de jaren 1990, en was vergelijkbaar met Andorra (21,1%), Spanje (21,0%).

De uitvoer per hoofd in West-Afrika was $116,3 in de jaren 1990s, en was vergelijkbaar met Nigeria (US$114,1), Kiribati (US$113,9), Togo (US$119,3). De uitvoer per hoofd in West-Afrika was in 8,9 keer lager dan de export per hoofd van de bevolking in de wereld ($1.029,5), en was 42,5% lager dan de export per hoofd van de bevolking in Afrika ($1.029,5).

De groei van de export in West-Afrika bedroeg 2.3% in de jaren 1990, en was vergelijkbaar met Albanië (2,3%). De groei van de export in West-Afrika (2,3%) was minder dan de groei van de export in de wereld (6,9%), was minder dan de groei van de export in Afrika (2,5%).

Vergelijking met subregio's. De uitvoer van West-Afrika was groter dan in Centraal-Afrika (US$17,6 miljard) en in Oost-Afrika (US$13,9 miljard); maar minder dan in Noord-Afrika (US$51,3 miljard) en in Zuidelijk Afrika (US$36,7 miljard). De uitvoer per hoofd in West-Afrika was in West-Afrika groter dan in Oost-Afrika (US$64,3); maar minder dan in Zuidelijk Afrika (US$787,6), in Noord-Afrika (US$321,0) en in Centraal-Afrika (US$214,0). De groei van de export in West-Afrika was groter dan in Noord-Afrika (1,2%); maar minder dan in Centraal-Afrika (7,3%), in Oost-Afrika (5,9%) en in Zuidelijk Afrika (4,4%).

Leiders. De waarde van de export in West-Afrika in de jaren 1990 bestond uit: Nigeria (51,5%), Ivoorkust (17,2%), Ghana (6,7%), Senegal (5,6%), Gambia (2,6%), en andere (16,4%). Het aandeel van de export in BBP van de leiders: Gambia (47,2%), Ivoorkust (35,4%), Nigeria (21,9%), Senegal (19,0%) en Ghana (11,2%). De uitvoer per hoofd in West-Afrika onder de leiders: Gambia ($543,2), Ivoorkust ($291,8), Senegal ($154,4), Nigeria ($114,1) en Ghana ($95,2). De groei van de export onder de leiders: Ghana (8,8%), Ivoorkust (5,7%), Gambia (3,6%), Senegal (2,9%) en Nigeria (0,11%).

de jaren 2000

De uitvoer van West-Afrika bedroeg in de jaren 2000 US$65,5 miljard per jaar, en was vergelijkbaar met Puerto Rico (US$65,1 miljard), Zuid-Afrika (US$64,1 miljard). Het aandeel in de wereld was 0,52%, en 18,1% in Afrika.

Het aandeel van de export in het BBP van West-Afrika was 24,5% in de jaren 2000, en was vergelijkbaar met Mozambique (24,5%), Mali (24,7%).

De waarde van de export per hoofd in West-Afrika was $246,7 in de jaren 2000s, en was vergelijkbaar met Zambia (US$248,3). De waarde van de export per hoofd in West-Afrika was in 7,8 keer lager dan de export per hoofd van de bevolking in de wereld ($1.933,7), en was 38,1% lager dan de export per hoofd van de bevolking in Afrika ($1.933,7).

De groei van de export in West-Afrika bedroeg 5.5% in de jaren 2000, en was vergelijkbaar met Luxemburg (5,6%). De groei van de export in West-Afrika (5,5%) was groter dan de groei van de export in de wereld (4,8%), was groter dan de groei van de export in Afrika (5,3%).

Vergelijking met subregio's. De waarde van de export in West-Afrika was groter dan in Centraal-Afrika (US$52,5 miljard) en in Oost-Afrika (US$28,6 miljard); maar minder dan in Noord-Afrika (US$141,1 miljard) en in Zuidelijk Afrika (US$73,6 miljard). De uitvoer per hoofd in West-Afrika was in West-Afrika groter dan in Oost-Afrika (US$100,2); maar minder dan in Zuidelijk Afrika (US$1.352,2), in Noord-Afrika (US$741,0) en in Centraal-Afrika (US$473,2). De groei van de export in West-Afrika was groter dan in Zuidelijk Afrika (2,0%); maar minder dan in Oost-Afrika (8,6%), in Centraal-Afrika (5,9%) en in Noord-Afrika (5,6%).

Leiders. De uitvoer van West-Afrika in de jaren 2000 bestond uit: Nigeria (65,7%), Ivoorkust (12,2%), Ghana (6,7%), Senegal (3,4%),

Mali (2,3%), en andere (9,6%). Het aandeel van de export in BBP van de leiders: Ivoorkust (47,1%), Mali (24,7%), Nigeria (23,9%), Senegal (20,4%) en Ghana (19,6%). De waarde van de export per hoofd in West-Afrika onder de leiders: Ivoorkust ($439,3), Nigeria ($312,6), Senegal ($204,8), Ghana ($203,6) en Mali ($120,2). De groei van de export onder de leiders: Mali (8,9%), Ghana (8,4%), Nigeria (7,2%), Senegal (2,2%) en Ivoorkust (1,0%).

de jaren 2010

De uitvoer van West-Afrika bedroeg in de jaren 2010 US$140,0 miljard per jaar. Het aandeel in de wereld was 0,62%, en 22,4% in Afrika.

Het aandeel van de export in het BBP van West-Afrika was 21,6% in de jaren 2010, en was vergelijkbaar met Oezbekistan (21,7%), Australië (21,4%).

De uitvoer per hoofd in West-Afrika was $402,5 in de jaren 2010s. De waarde van de export per hoofd in West-Afrika was in 7,7 keer lager dan de export per hoofd van de bevolking in de wereld ($3.098,9), en was 24,7% lager dan de export per hoofd van de bevolking in Afrika ($3.098,9).

De groei van de export in West-Afrika bedroeg 6.9% in de jaren 2010, en was vergelijkbaar met Marokko (6,9%), de Dominicaanse Republiek (6,9%). De groei van de export in West-Afrika (6,9%) was groter dan de groei van de export in de wereld (4,4%), was groter dan de groei van de export in Afrika (-1,2%).

Vergelijking met subregio's. De waarde van de export in West-Afrika was 13,6% groter dan in Zuidelijk Afrika (US$123,2 miljard), 38,5% groter dan in Centraal-Afrika (US$101,1 miljard) en 2,0 keer groter dan in Oost-Afrika (US$68,9 miljard); maar 26,7% minder dan in Noord-Afrika (US$191,0 miljard). De waarde van de export per hoofd in West-Afrika was in West-Afrika2,2 keer groter dan in Oost-Afrika (US$179,3); maar 4,9 keer minder dan in Zuidelijk Afrika (US$1.971,2), 2,1 keer minder dan in Noord-Afrika (US$862,9) en 39,4% minder dan in Centraal-Afrika (US$663,8). De groei van de export in West-Afrika was groter dan in Oost-Afrika (4,4%), in Zuidelijk Afrika (2,3%), in Centraal-Afrika (0,20%) en in Noord-Afrika (-6,3%).

Leiders. De waarde van de export in West-Afrika in de jaren 2010 bestond uit: Nigeria (59,8%), Ghana (12,4%), Ivoorkust (9,3%), Senegal (3,1%), Burkina Faso (2,5%), en andere (12,8%). Het aandeel van de export in BBP van de leiders: Ghana (30,9%), Ivoorkust (30,1%), Burkina Faso (26,1%), Senegal (22,1%) en Nigeria (18,7%). De uitvoer per hoofd in West-Afrika onder de leiders: Ghana ($631,6), Ivoorkust ($567,2), Nigeria ($467,8), Senegal ($302,0) en Burkina Faso ($193,8). De groei van de export onder de leiders: Ghana (12,1%), Burkina Faso (10,5%), Senegal (8,2%), Nigeria (6,1%) en Ivoorkust (1,8%).

Hoofdstuk XI. Invoer

Invoer van goederen en diensten

De waarde van de invoer in West-Afrika steeg van US$11,8 miljard per jaar in de jaren 1970 tot US$138,5 miljard per jaar in de jaren 2010, dat wil zeggen met US$126,7 miljard of 11,7 keer. De verandering vond plaats op US$119,0 miljard als gevolg van een 7,1-voudige stijging van de prijzen, en ook op -US$15,0 miljard als gevolg van een 1,8-voudige afname van het tarief per hoofd , evenals op US$22,7 miljard als gevolg van de toename van de bevolking. De gemiddelde jaarlijkse groei van de invoer is 2,5%. De minimumwaarde van de invoer bedroeg US$3,8 miljard in 1970. De maximumwaarde van de invoer bedroeg US$176,2 miljard in 2019.

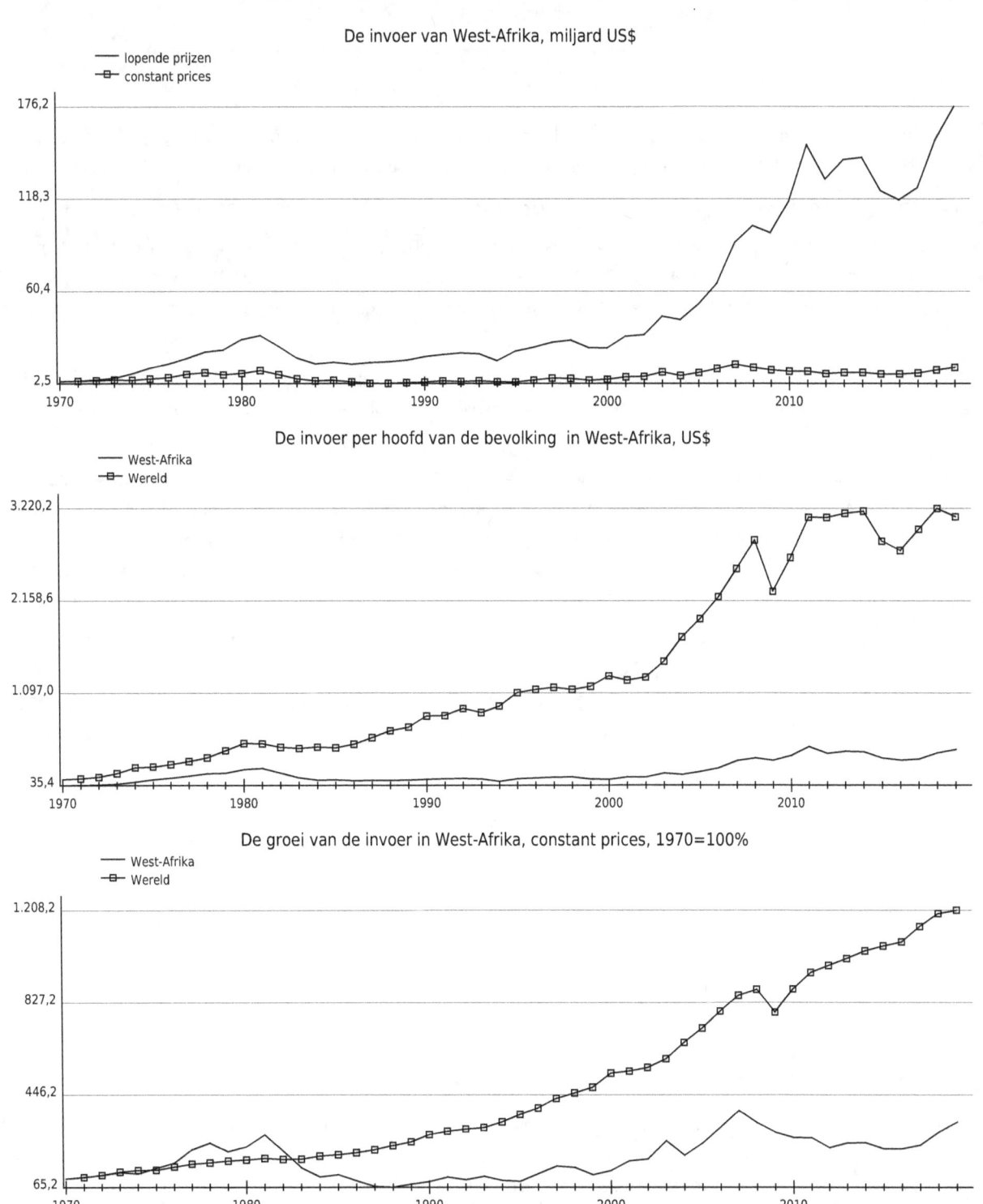

De invoer van West-Afrika, miljard US$

De invoer per hoofd van de bevolking in West-Afrika, US$

De groei van de invoer in West-Afrika, constant prices, 1970=100%

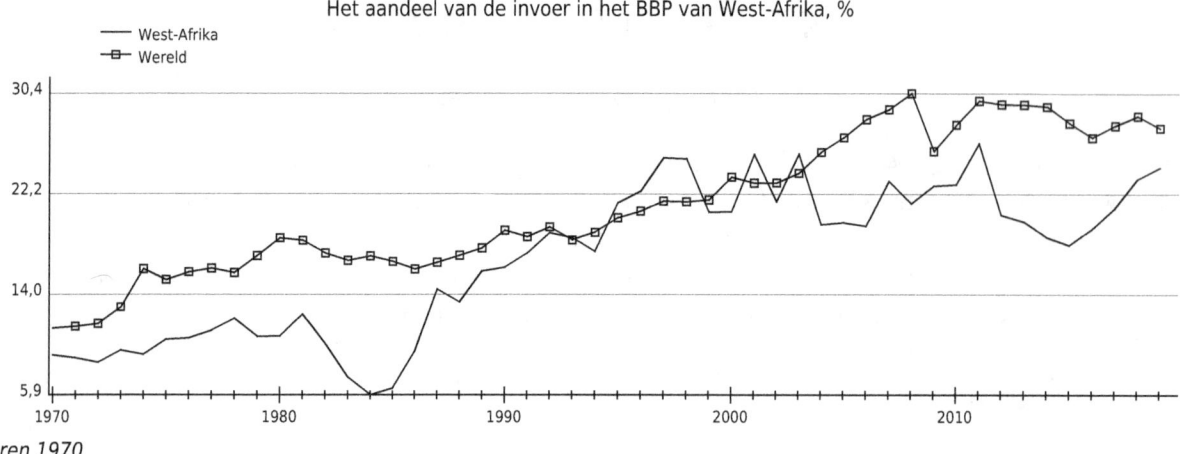

Het aandeel van de invoer in het BBP van West-Afrika, %

de jaren 1970

De waarde van de invoer in West-Afrika bedroeg in de jaren 1970 US$11,8 miljard per jaar, en was vergelijkbaar met Oostenrijk (US$11,8 miljard), Iran (US$11,9 miljard), Noorwegen (US$12,0 miljard). Het aandeel in de wereld was 1,2%, en 20,2% in Afrika.

Het aandeel van de invoer in het BBP van West-Afrika was 10,5% in de jaren 1970, en was vergelijkbaar met Amerika (10,4%).

De waarde van de invoer per hoofd in West-Afrika was $99,3 in de jaren 1970s, en was vergelijkbaar met Nigeria (US$99,6), Turkije (US$98,7), de Centraal-Afrikaanse Republiek (US$101,7). De waarde van de invoer per hoofd in West-Afrika was in 2,5 keer lager dan de invoer per hoofd van de bevolking in de wereld ($244,3), en was 30,3% lager dan de invoer per hoofd van de bevolking in Afrika ($244,3).

De groei van de invoer in West-Afrika bedroeg 8.7% in de jaren 1970, en was vergelijkbaar met Burundi (8,7%). De groei van de invoer in West-Afrika (8,7%) was groter dan de groei van de invoer in de wereld (6,3%), was groter dan de groei van de invoer in Afrika (6,7%).

Vergelijking met subregio's. De invoer van West-Afrika was groter dan in Zuidelijk Afrika (US$10,1 miljard), in Centraal-Afrika (US$8,9 miljard) en in Oost-Afrika (US$7,9 miljard); maar minder dan in Noord-Afrika (US$19,8 miljard). De invoer per hoofd in West-Afrika was in West-Afrika groter dan in Oost-Afrika (US$65,6); maar minder dan in Zuidelijk Afrika (US$357,7), in Noord-Afrika (US$204,9) en in Centraal-Afrika (US$195,3). De groei van de invoer in West-Afrika was groter dan in Noord-Afrika (8,6%), in Centraal-Afrika (2,7%), in Oost-Afrika (1,9%) en in Zuidelijk Afrika (0,28%).

Leiders. De invoer van West-Afrika in de jaren 1970 bestond uit: Nigeria (53,0%), Ivoorkust (14,0%), Senegal (4,4%), Ghana (3,6%), Liberia (3,0%), en andere (22,0%). Het aandeel van de invoer in BBP van de leiders: Liberia (62,9%), Ivoorkust (39,0%), Senegal (22,6%), Ghana (8,5%) en Nigeria (6,8%). De invoer per hoofd in West-Afrika onder de leiders: Ivoorkust ($262,0), Liberia ($223,9), Senegal ($107,2), Nigeria ($99,6) en Ghana ($43,4). De groei van de invoer onder de leiders: Nigeria (10,1%), Ivoorkust (6,0%), Senegal (4,1%), Liberia (3,6%) en Ghana (-5,0%).

de jaren 1980

De invoer van West-Afrika bedroeg in de jaren 1980 US$20,0 miljard per jaar, en was vergelijkbaar met Indonesië (US$20,2 miljard), Iran (US$20,4 miljard). Het aandeel in de wereld was 0,77%, en 17,8% in Afrika.

Het aandeel van de invoer in het BBP van West-Afrika was 9,8% in de jaren 1980.

De waarde van de invoer per hoofd in West-Afrika was $128,2 in de jaren 1980s, en was vergelijkbaar met Haïti (US$126,2). De waarde van de invoer per hoofd in West-Afrika was in 4,2 keer lager dan de invoer per hoofd van de bevolking in de wereld ($539,1), en was 38,3% lager dan de invoer per hoofd van de bevolking in Afrika ($539,1).

De groei van de invoer in West-Afrika bedroeg -9.5% in de jaren 1980. De groei van de invoer in West-Afrika (-9,5%) was minder dan de groei van de invoer in de wereld (3,8%), was minder dan de groei van de invoer in Afrika (-3,1%).

Vergelijking met subregio's. De invoer van West-Afrika was groter dan in Centraal-Afrika (US$14,8 miljard) en in Oost-Afrika (US$13,0 miljard); maar minder dan in Noord-Afrika (US$42,7 miljard) en in Zuidelijk Afrika (US$22,1 miljard). De invoer per hoofd in West-Afrika was in West-Afrika groter dan in Oost-Afrika (US$80,3); maar minder dan in Zuidelijk Afrika (US$601,7), in Noord-Afrika (US$338,6) en in Centraal-Afrika (US$245,4). De groei van de invoer in West-Afrika was minder dan in Zuidelijk Afrika (2,1%), in Oost-Afrika (1,6%), in Centraal-Afrika (-0,17%) en in Noord-Afrika (-1,0%).

Leiders. De invoer van West-Afrika in de jaren 1980 bestond uit: Nigeria (47,8%), Ivoorkust (14,8%), Senegal (5,6%), Ghana (3,3%), Togo (3,3%), en andere (25,1%). Het aandeel van de invoer in BBP van de leiders: Togo (54,4%), Ivoorkust (34,1%), Senegal (23,9%), Ghana (7,6%) en Nigeria (5,9%). De waarde van de invoer per hoofd in West-Afrika onder de leiders: Ivoorkust ($304,9), Togo ($204,5), Senegal ($176,0), Nigeria ($115,7) en Ghana ($52,3). De groei van de invoer onder de leiders: Senegal (1,7%), Togo (-0,20%), Ghana (-1,2%), Ivoorkust (-2,5%) en Nigeria (-12,0%).

de jaren 1990

De invoer van West-Afrika bedroeg in de jaren 1990 US$22,9 miljard per jaar. Het aandeel in de wereld was 0,40%, en 15,3% in Afrika.

Het aandeel van de invoer in het BBP van West-Afrika was 20,4% in de jaren 1990, en was vergelijkbaar met Tanzania (20,4%), Australazië (20,2%), de Wereld (20,2%).

De waarde van de invoer per hoofd in West-Afrika was $112,5 in de jaren 1990s, en was vergelijkbaar met Laos (US$114,3). De invoer per hoofd in West-Afrika was in 9,0 keer lager dan de invoer per hoofd van de bevolking in de wereld ($1.015,5), en was 46,8% lager dan de invoer per hoofd van de bevolking in Afrika ($1.015,5).

De groei van de invoer in West-Afrika bedroeg 4.1% in de jaren 1990, en was vergelijkbaar met Marokko (4,1%). De groei van de invoer in West-Afrika (4,1%) was minder dan de groei van de invoer in de wereld (6,6%), was groter dan de groei van de invoer in Afrika (3,8%).

Vergelijking met subregio's. De invoer van West-Afrika was groter dan in Oost-Afrika (US$19,2 miljard) en in Centraal-Afrika (US$16,8 miljard); maar minder dan in Noord-Afrika (US$56,7 miljard) en in Zuidelijk Afrika (US$34,1 miljard). De waarde van de invoer per hoofd in West-Afrika was in West-Afrika groter dan in Oost-Afrika (US$88,8); maar minder dan in Zuidelijk Afrika (US$731,8), in Noord-Afrika (US$355,1) en in Centraal-Afrika (US$204,0). De groei van de invoer in West-Afrika was groter dan in Noord-Afrika (1,0%); maar minder dan in Centraal-Afrika (10,3%), in Oost-Afrika (6,0%) en in Zuidelijk Afrika (4,6%).

Leiders. De invoer van West-Afrika in de jaren 1990 bestond uit: Nigeria (36,5%), Ivoorkust (15,0%), Ghana (10,7%), Senegal (6,7%), Guinee (4,6%), en andere (26,5%). Het aandeel van de invoer in BBP van de leiders: Ivoorkust (29,8%), Guinee (22,3%), Senegal (22,1%), Ghana (17,2%) en Nigeria (15,0%). De waarde van de invoer per hoofd in West-Afrika onder de leiders: Ivoorkust ($245,9), Senegal ($179,2), Guinee ($146,9), Ghana ($145,9) en Nigeria ($78,2). De groei van de invoer onder de leiders: Ghana (10,4%), Ivoorkust (5,7%), Senegal (3,4%), Nigeria (3,3%) en Guinee (2,9%).

de jaren 2000

De waarde van de invoer in West-Afrika bedroeg in de jaren 2000 US$58,3 miljard per jaar, en was vergelijkbaar met Israël (US$57,6 miljard). Het aandeel in de wereld was 0,47%, en 17,4% in Afrika.

Het aandeel van de invoer in het BBP van West-Afrika was 21,8% in de jaren 2000, en was vergelijkbaar met Peru (21,8%), Rusland (21,7%), Australië (21,6%).

De waarde van de invoer per hoofd in West-Afrika was $219,9 in de jaren 2000s, en was vergelijkbaar met Liberia (US$220,5). De waarde van de invoer per hoofd in West-Afrika was in 8,6 keer lager dan de invoer per hoofd van de bevolking in de wereld ($1.899,9), en was 40,5% lager dan de invoer per hoofd van de bevolking in Afrika ($1.899,9).

De groei van de invoer in West-Afrika bedroeg 9.6% in de jaren 2000, en was vergelijkbaar met Oost-Europa (9,5%), Ecuador (9,5%), Jordanië (9,6%). De groei van de invoer in West-Afrika (9,6%) was groter dan de groei van de invoer in de wereld (5,1%), was groter dan de groei van de invoer in Afrika (7,6%).

Vergelijking met subregio's. De invoer van West-Afrika was groter dan in Centraal-Afrika (US$40,3 miljard) en in Oost-Afrika (US$40,2 miljard); maar minder dan in Noord-Afrika (US$121,9 miljard) en in Zuidelijk Afrika (US$74,0 miljard). De invoer per hoofd in West-Afrika was in West-Afrika groter dan in Oost-Afrika (US$140,8); maar minder dan in Zuidelijk Afrika (US$1.360,4), in Noord-Afrika (US$640,5) en in Centraal-Afrika (US$363,9). De groei van de invoer in West-Afrika was groter dan in Noord-Afrika (7,3%), in Zuidelijk Afrika (5,3%) en in Centraal-Afrika (5,1%); maar minder dan in Oost-Afrika (10,8%).

Leiders. De waarde van de invoer in West-Afrika in de jaren 2000 bestond uit: Nigeria (48,7%), Ghana (11,8%), Ivoorkust (11,3%),

Senegal (6,3%), Mali (3,4%), en andere (18,4%). Het aandeel van de invoer in BBP van de leiders: Ivoorkust (38,8%), Senegal (33,6%), Mali (32,6%), Ghana (30,6%) en Nigeria (15,8%). De invoer per hoofd in West-Afrika onder de leiders: Ivoorkust ($361,7), Senegal ($336,9), Ghana ($317,5), Nigeria ($206,6) en Mali ($158,9). De groei van de invoer onder de leiders: Nigeria (11,9%), Mali (10,9%), Ghana (5,3%), Senegal (4,1%) en Ivoorkust (2,9%).

de jaren 2010

De invoer van West-Afrika bedroeg in de jaren 2010 US$138,5 miljard per jaar, en was vergelijkbaar met Noorwegen (US$136,2 miljard). Het aandeel in de wereld was 0,63%, en 20,0% in Afrika.

Het aandeel van de invoer in het BBP van West-Afrika was 21,4% in de jaren 2010, en was vergelijkbaar met Australië (21,2%).

De invoer per hoofd in West-Afrika was $398,2 in de jaren 2010s, en was vergelijkbaar met de Comoren (US$404,4), Jemen (US$405,4). De waarde van de invoer per hoofd in West-Afrika was in 7,6 keer lager dan de invoer per hoofd van de bevolking in de wereld ($3.015,6), en was 32,8% lager dan de invoer per hoofd van de bevolking in Afrika ($3.015,6).

De groei van de invoer in West-Afrika bedroeg 1.4% in de jaren 2010. De groei van de invoer in West-Afrika (1,4%) was minder dan de groei van de invoer in de wereld (4,4%), was minder dan de groei van de invoer in Afrika (2,0%).

Vergelijking met subregio's. De waarde van de invoer in West-Afrika was 8,5% groter dan in Zuidelijk Afrika (US$127,7 miljard), 27,5% groter dan in Oost-Afrika (US$108,7 miljard) en 66,9% groter dan in Centraal-Afrika (US$83,0 miljard); maar 40,8% minder dan in Noord-Afrika (US$233,9 miljard). De invoer per hoofd in West-Afrika was in West-Afrika40,7% groter dan in Oost-Afrika (US$282,9); maar 5,1 keer minder dan in Zuidelijk Afrika (US$2,0 duizend), 2,7 keer minder dan in Noord-Afrika (US$1.056,3) en 27,0% minder dan in Centraal-Afrika (US$545,2). De groei van de invoer in West-Afrika was groter dan in Centraal-Afrika (-1,8%); maar minder dan in Oost-Afrika (5,6%), in Zuidelijk Afrika (3,5%) en in Noord-Afrika (1,6%).

Leiders. De waarde van de invoer in West-Afrika in de jaren 2010 bestond uit: Nigeria (48,2%), Ghana (15,2%), Ivoorkust (8,6%), Senegal (5,1%), Mali (3,6%), en andere (19,4%). Het aandeel van de invoer in BBP van de leiders. Ghana (37,3%), Senegal (35,9%), Mali (35,4%), Ivoorkust (27,4%) en Nigeria (14,9%). De waarde van de invoer per hoofd in West-Afrika onder de leiders: Ghana ($762,2), Ivoorkust ($516,0), Senegal ($491,8), Nigeria ($372,7) en Mali ($289,1). De groei van de invoer onder de leiders: Mali (8,4%), Ghana (7,9%), Senegal (7,2%), Ivoorkust (4,7%) en Nigeria (-1,9%).

Part IV. Verbruik

Hoofdstuk XII. Overheidsuitgaven

Consumptie-uitgaven van de overheid

De overheidsuitgaven van West-Afrika steeg van US$4,3 miljard per jaar in de jaren 1970 tot US$55,4 miljard per jaar in de jaren 2010, dat wil zeggen met US$51,1 miljard of 12,9 keer. De verandering vond plaats op US$32,6 miljard als gevolg van een 2,4-voudige stijging van de prijzen, en ook op US$10,3 miljard als gevolg van een 1,8-voudige toename van het tarief per hoofd , evenals op US$8,2 miljard als gevolg van de toename van de bevolking. De gemiddelde jaarlijkse groei van de overheidsuitgaven is 4,3%. De minimumwaarde van de overheidsuitgaven bedroeg US$1,7 miljard in 1970. De maximumwaarde van de overheidsuitgaven bedroeg US$62,5 miljard in 2014.

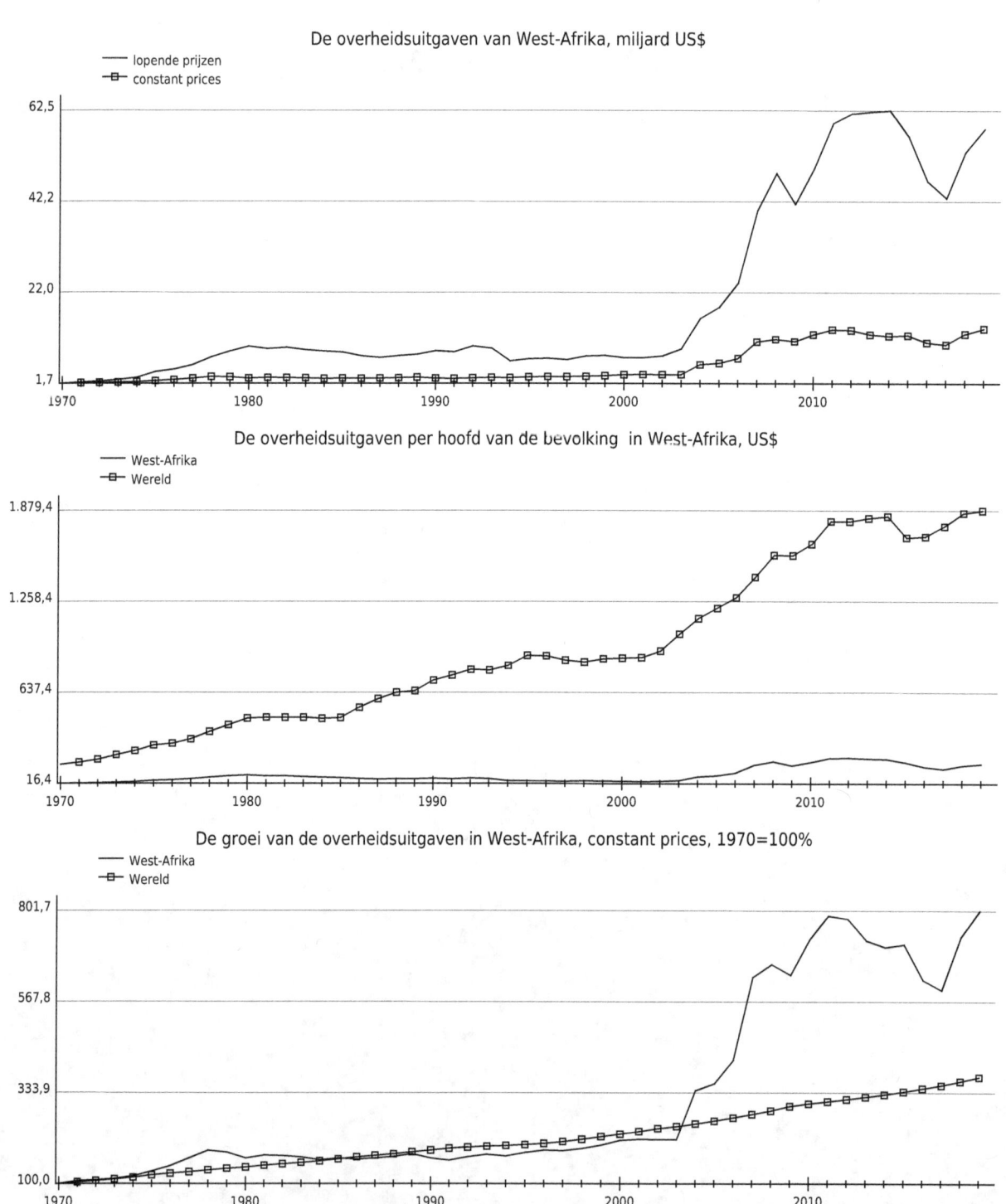

De overheidsuitgaven van West-Afrika, miljard US$

De overheidsuitgaven per hoofd van de bevolking in West-Afrika, US$

De groei van de overheidsuitgaven in West-Afrika, constant prices, 1970=100%

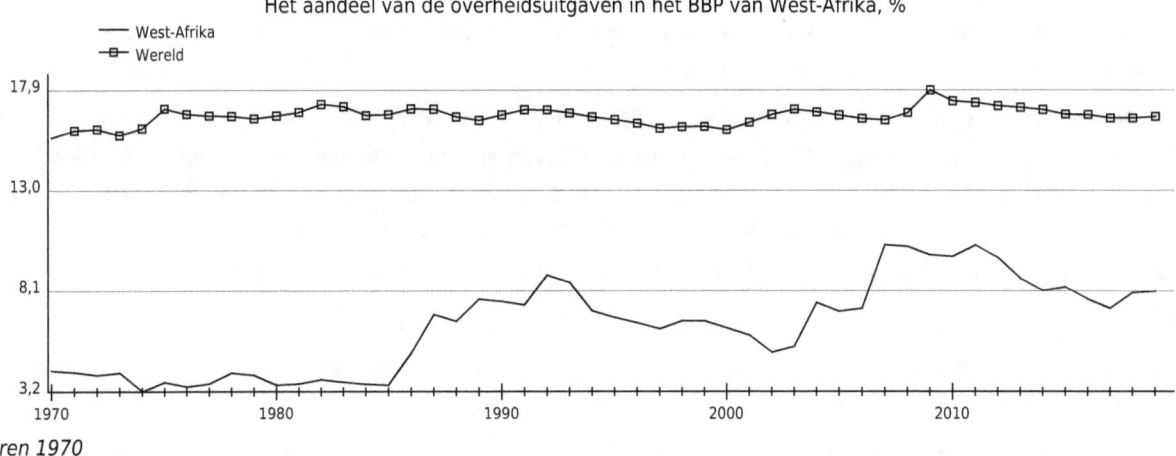

de jaren 1970

De overheidsuitgaven van West-Afrika bedroeg in de jaren 1970 US$4,3 miljard per jaar, en was vergelijkbaar met Finland (US$4,3 miljard), Centraal-Afrika (US$4,4 miljard). Het aandeel in de wereld was 0,40%, en 13,6% in Afrika.

Het aandeel van de overheidsuitgaven in het BBP van West-Afrika was 3,8% in de jaren 1970.

De overheidsuitgaven per hoofd in West-Afrika was $36,1 in de jaren 1970s, en was vergelijkbaar met Equatoriaal-Guinea (US$36,1), Niger (US$36,2). De overheidsuitgaven per hoofd in West-Afrika was in 7,4 keer lager dan de overheidsuitgaven per hoofd van de bevolking in de wereld ($265,2), en was in 2,1 keer lager dan de overheidsuitgaven per hoofd van de bevolking in Afrika ($265,2).

De groei van de overheidsuitgaven in West-Afrika bedroeg 6.8% in de jaren 1970, en was vergelijkbaar met Ethiopië (6,7%), Groenland (6,8%), Joegoslavië (6,8%). De groei van de overheidsuitgaven in West-Afrika (6,8%) was groter dan de groei van de overheidsuitgaven in de wereld (3,7%), was groter dan de groei van de overheidsuitgaven in Afrika (4,9%).

Vergelijking met subregio's. De overheidsuitgaven van West-Afrika was minder dan in Noord-Afrika (US$10,7 miljard), in Oost-Afrika (US$6,9 miljard), in Zuidelijk Afrika (US$5,4 miljard) en in Centraal-Afrika (US$4,4 miljard). De overheidsuitgaven per hoofd in West-Afrika was in West-Afrika minder dan in Zuidelijk Afrika (US$189,9), in Noord-Afrika (US$111,3), in Centraal-Afrika (US$95,9) en in Oost-Afrika (US$56,8). De groei van de overheidsuitgaven in West-Afrika was groter dan in Oost-Afrika (6,0%), in Zuidelijk Afrika (5,2%) en in Centraal-Afrika (-1,0%); maar minder dan in Noord-Afrika (7,3%).

Leiders. De overheidsuitgaven van West-Afrika in de jaren 1970 bestond uit: Nigeria (37,4%), Ivoorkust (16,0%), Senegal (8,2%), Ghana (6,6%), Mauritanië (6,2%), en andere (25,7%). Het aandeel van de overheidsuitgaven in BBP van de leiders: Mauritanië (29,0%), Ivoorkust (16,2%), Senegal (15,3%), Ghana (5,6%) en Nigeria (1,7%). De overheidsuitgaven per hoofd in West-Afrika onder de leiders: Mauritanië ($202,9), Ivoorkust ($109,0), Senegal ($72,4), Ghana ($28,8) en Nigeria ($25,5). De groei van de overheidsuitgaven onder de leiders: Mauritanië (10,4%), Ivoorkust (9,3%), Nigeria (8,7%), Ghana (5,4%) en Senegal (4,8%).

de jaren 1980

De overheidsuitgaven van West-Afrika bedroeg in de jaren 1980 US$8,7 miljard per jaar, en was vergelijkbaar met Algerije (US$8,6 miljard). Het aandeel in de wereld was 0,34%, en 12,5% in Afrika.

Het aandeel van de overheidsuitgaven in het BBP van West-Afrika was 4,3% in de jaren 1980, en was vergelijkbaar met Ghana (4,3%).

De overheidsuitgaven per hoofd in West-Afrika was $55,7 in de jaren 1980s, en was vergelijkbaar met Indonesië (US$57,0), Congo-Kinshasa (US$54,4), Benin (US$57,1). De overheidsuitgaven per hoofd in West-Afrika was in 9,4 keer lager dan de overheidsuitgaven per hoofd van de bevolking in de wereld ($523,5), en was in 2,3 keer lager dan de overheidsuitgaven per hoofd van de bevolking in Afrika ($523,5).

De groei van de overheidsuitgaven in West-Afrika bedroeg -0.2% in de jaren 1980. De groei van de overheidsuitgaven in West-Afrika (-0,22%) was minder dan de groei van de overheidsuitgaven in de wereld (2,7%), was minder dan de groei van de overheidsuitgaven in Afrika (1,8%).

Vergelijking met subregio's. De overheidsuitgaven van West-Afrika was groter dan in Centraal-Afrika (US$7,2 miljard); maar minder dan in Noord-Afrika (US$25,5 miljard), in Zuidelijk Afrika (US$15,3 miljard) en in Oost-Afrika (US$12,8 miljard). De overheidsuitgaven per hoofd in West-Afrika was in West-Afrika minder dan in Zuidelijk Afrika (US$418,2), in Noord-Afrika (US$201,9), in Centraal-Afrika (US$119,6) en in Oost-Afrika (US$78,6). De groei van de overheidsuitgaven in West-Afrika was minder dan in Zuidelijk Afrika (4,2%), in Oost-Afrika (2,1%), in Centraal-Afrika (2,1%) en in Noord-Afrika (0,77%).

Leiders. De overheidsuitgaven van West-Afrika in de jaren 1980 bestond uit: Nigeria (35,7%), Ivoorkust (17,0%), Senegal (9,4%), Niger (5,8%), Burkina Faso (5,1%), en andere (27,0%). Het aandeel van de overheidsuitgaven in BBP van de leiders: Burkina Faso (20,3%), Niger (18,1%), Senegal (17,3%), Ivoorkust (17,0%) en Nigeria (1,9%). De overheidsuitgaven per hoofd in West-Afrika onder de leiders: Ivoorkust ($151,6), Senegal ($127,4), Niger ($74,2), Burkina Faso ($58,3) en Nigeria ($37,5). De groei van de overheidsuitgaven onder de leiders: Senegal (3,1%), Burkina Faso (2,4%), Nigeria (-0,049%), Ivoorkust (-0,75%) en Niger (-2,9%).

de jaren 1990

De overheidsuitgaven van West-Afrika bedroeg in de jaren 1990 US$8,1 miljard per jaar, en was vergelijkbaar met de Filipijnen (US$8,1 miljard), Algerije (US$8,2 miljard). Het aandeel in de wereld was 0,17%, en 9,1% in Afrika.

Het aandeel van de overheidsuitgaven in het BBP van West-Afrika was 7,2% in de jaren 1990, en was vergelijkbaar met Sri Lanka (7,3%).

De overheidsuitgaven per hoofd in West-Afrika was $39,8 in de jaren 1990s, en was vergelijkbaar met Tanzania (US$40,5), Mozambique (US$39,1). De overheidsuitgaven per hoofd in West-Afrika was in 20,7 keer lager dan de overheidsuitgaven per hoofd van de bevolking in de wereld ($824,8), en was in 3,2 keer lager dan de overheidsuitgaven per hoofd van de bevolking in Afrika ($824,8).

De groei van de overheidsuitgaven in West-Afrika bedroeg 1.2% in de jaren 1990, en was vergelijkbaar met Noord-Amerika (1,2%). De groei van de overheidsuitgaven in West-Afrika (1,2%) was minder dan de groei van de overheidsuitgaven in de wereld (2,0%), was minder dan de groei van de overheidsuitgaven in Afrika (1,6%).

Vergelijking met subregio's. De overheidsuitgaven van West-Afrika was minder dan in Noord-Afrika (US$31,8 miljard), in Zuidelijk Afrika (US$29,4 miljard), in Oost-Afrika (US$10,8 miljard) en in Centraal-Afrika (US$9,1 miljard). De overheidsuitgaven per hoofd in West-Afrika was in West-Afrika minder dan in Zuidelijk Afrika (US$631,1), in Noord-Afrika (US$199,4), in Centraal-Afrika (US$111,0) en in Oost-Afrika (US$49,9). De groei van de overheidsuitgaven in West-Afrika was groter dan in Zuidelijk Afrika (1,0%) en in Centraal-Afrika (-0,32%); maar minder dan in Noord-Afrika (2,5%) en in Oost-Afrika (2,5%).

Leiders. De overheidsuitgaven van West-Afrika in de jaren 1990 bestond uit: Ivoorkust (25,1%), Senegal (11,5%), Ghana (10,4%), Nigeria (9,7%), Burkina Faso (7,3%), en andere (36,0%). Het aandeel van de overheidsuitgaven in BBP van de leiders: Burkina Faso (18,7%), Ivoorkust (17,7%), Senegal (13,5%), Ghana (5,9%) en Nigeria (1,4%). De overheidsuitgaven per hoofd in West-Afrika onder de leiders: Ivoorkust ($145,8), Senegal ($109,1), Burkina Faso ($59,5), Ghana ($50,1) en Nigeria ($7,4). De groei van de overheidsuitgaven onder de leiders: Ghana (3,3%), Burkina Faso (1,9%), Nigeria (1,8%), Senegal (0,36%) en Ivoorkust (-0,75%).

de jaren 2000

De overheidsuitgaven van West-Afrika bedroeg in de jaren 2000 US$22,2 miljard per jaar, en was vergelijkbaar met Hongarije (US$22,1 miljard), Venezuela (US$21,7 miljard). Het aandeel in de wereld was 0,28%, en 14,8% in Afrika.

Het aandeel van de overheidsuitgaven in het BBP van West-Afrika was 8,3% in de jaren 2000, en was vergelijkbaar met de Verenigde Arabische Emiraten (8,2%), Indonesië (8,2%).

De overheidsuitgaven per hoofd in West-Afrika was $83,5 in de jaren 2000s, en was vergelijkbaar met Nigeria (US$83,6), Benin (US$84,0), Zuid-Azië (US$85,4). De overheidsuitgaven per hoofd in West-Afrika was in 14,4 keer lager dan de overheidsuitgaven per hoofd van de bevolking in de wereld ($1.200,9), en was 49,3% lager dan de overheidsuitgaven per hoofd van de bevolking in Afrika ($1.200,9).

De groei van de overheidsuitgaven in West-Afrika bedroeg 12.3% in de jaren 2000. De groei van de overheidsuitgaven in West-Afrika (12,3%) was groter dan de groei van de overheidsuitgaven in de wereld (3,1%), was groter dan de groei van de overheidsuitgaven in Afrika (5,0%).

Vergelijking met subregio's. De overheidsuitgaven van West-Afrika was groter dan in Oost-Afrika (US$16,4 miljard) en in Centraal-Afrika (US$13,7 miljard); maar minder dan in Noord-Afrika (US$52,0 miljard) en in Zuidelijk Afrika (US$45,2 miljard). De overheidsuitgaven per hoofd in West-Afrika was in West-Afrika groter dan in Oost-Afrika (US$57,6); maar minder dan in Zuidelijk Afrika (US$830,5), in Noord-Afrika (US$273,2) en in Centraal-Afrika (US$123,1). De groei van de overheidsuitgaven in West-Afrika was groter dan in Oost-Afrika (5,2%), in Zuidelijk Afrika (4,5%), in Noord-Afrika (3,6%) en in Centraal-Afrika (2,0%).

Leiders. De overheidsuitgaven van West-Afrika in de jaren 2000 bestond uit: Nigeria (51,9%), Ivoorkust (10,5%), Ghana (8,9%), Senegal (6,0%), Mali (4,1%), en andere (18,7%). Het aandeel van de overheidsuitgaven in BBP van de leiders: Mali (14,7%), Ivoorkust (13,7%), Senegal (12,0%), Ghana (8,7%) en Nigeria (6,4%). De overheidsuitgaven per hoofd in West-Afrika onder de leiders: Ivoorkust ($128,0), Senegal ($120,4), Ghana ($90,7), Nigeria ($83,6) en Mali ($71,9). De groei van de overheidsuitgaven onder de leiders: Nigeria (29,4%), Mali (7,8%), Senegal (3,2%), Ivoorkust (0,90%) en Ghana (0,19%).

de jaren 2010

De overheidsuitgaven van West-Afrika bedroeg in de jaren 2010 US$55,4 miljard per jaar, en was vergelijkbaar met de Caraïben (US$55,0 miljard), Iran (US$56,1 miljard). Het aandeel in de wereld was 0,42%, en 16,9% in Afrika.

Het aandeel van de overheidsuitgaven in het BBP van West-Afrika was 8,5% in de jaren 2010, en was vergelijkbaar met Gambia (8,6%), Sri Lanka (8,6%), Macau (8,6%).

De overheidsuitgaven per hoofd in West-Afrika was $159,2 in de jaren 2010s, en was vergelijkbaar met Jemen (US$157,3). De overheidsuitgaven per hoofd in West-Afrika was in 11,2 keer lager dan de overheidsuitgaven per hoofd van de bevolking in de wereld ($1.785,1), en was 43,4% lager dan de overheidsuitgaven per hoofd van de bevolking in Afrika ($1.785,1).

De groei van de overheidsuitgaven in West-Afrika bedroeg 2.3% in de jaren 2010. De groei van de overheidsuitgaven in West-Afrika (2,3%) was groter dan de groei van de overheidsuitgaven in de wereld (2,3%), was minder dan de groei van de overheidsuitgaven in Afrika (3,0%).

Vergelijking met subregio's. De overheidsuitgaven van West-Afrika was 34,2% groter dan in Oost-Afrika (US$41,3 miljard) en 60,5% groter dan in Centraal-Afrika (US$34,5 miljard); maar 2,1 keer minder dan in Noord-Afrika (US$115,2 miljard) en 32,5% minder dan in Zuidelijk Afrika (US$82,0 miljard). De overheidsuitgaven per hoofd in West-Afrika was in West-Afrika48,2% groter dan in Oost-Afrika (US$107,4); maar 8,2 keer minder dan in Zuidelijk Afrika (US$1.311,7), 3,3 keer minder dan in Noord-Afrika (US$520,4) en 29,8% minder dan in Centraal-Afrika (US$226,6). De groei van de overheidsuitgaven in West-Afrika was groter dan in Centraal-Afrika (2,3%) en in Zuidelijk Afrika (2,1%); maar minder dan in Oost-Afrika (7,4%) en in Noord-Afrika (2,7%).

Leiders. De overheidsuitgaven van West-Afrika in de jaren 2010 bestond uit: Nigeria (54,5%), Ghana (10,7%), Ivoorkust (8,2%), Senegal (5,0%), Mali (4,1%), en andere (17,5%). Het aandeel van de overheidsuitgaven in BBP van de leiders: Mali (16,3%), Senegal (13,9%), Ghana (10,6%), Ivoorkust (10,5%) en Nigeria (6,7%). De overheidsuitgaven per hoofd in West-Afrika onder de leiders: Ghana ($215,7), Ivoorkust ($197,8), Senegal ($190,5), Nigeria ($168,4) en Mali ($132,9). De groei van de overheidsuitgaven onder de leiders: Mali (8,5%), Ghana (4,7%), Senegal (4,4%), Ivoorkust (1,2%) en Nigeria (0,61%).

Hoofdstuk XIII. Huishoudelijke uitgaven

Consumptieve bestedingen van de huishoudens

De huishoudelijke uitgaven van West-Afrika steeg van US$22,8 miljard per jaar in de jaren 1970 tot US$471,3 miljard per jaar in de jaren 2010, dat wil zeggen met US$448,5 miljard of 20,7 keer. De verandering vond plaats op US$393,0 miljard als gevolg van een 6,0-voudige stijging van de prijzen, en ook op US$11,7 miljard als gevolg van een 1,2-voudige toename van het tarief per hoofd , evenals op US$43,8 miljard als gevolg van de toename van de bevolking. De gemiddelde jaarlijkse groei van de huishoudelijke uitgaven is 3,3%. De minimumwaarde van de huishoudelijke uitgaven bedroeg US$11,2 miljard in 1970. De maximumwaarde van de huishoudelijke uitgaven bedroeg US$560,3 miljard in 2014.

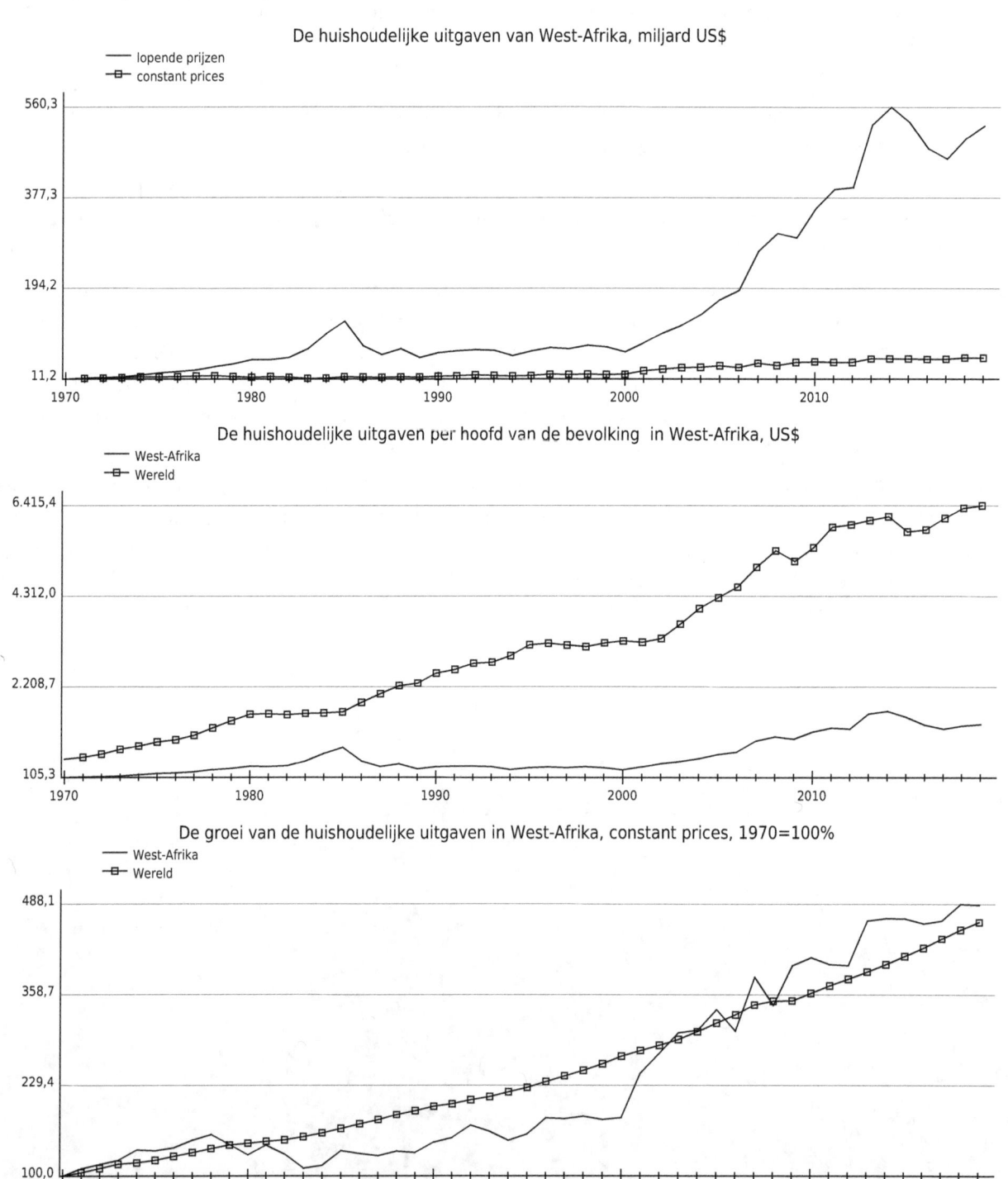

De huishoudelijke uitgaven van West-Afrika, miljard US$

De huishoudelijke uitgaven per hoofd van de bevolking in West-Afrika, US$

De groei van de huishoudelijke uitgaven in West-Afrika, constant prices, 1970=100%

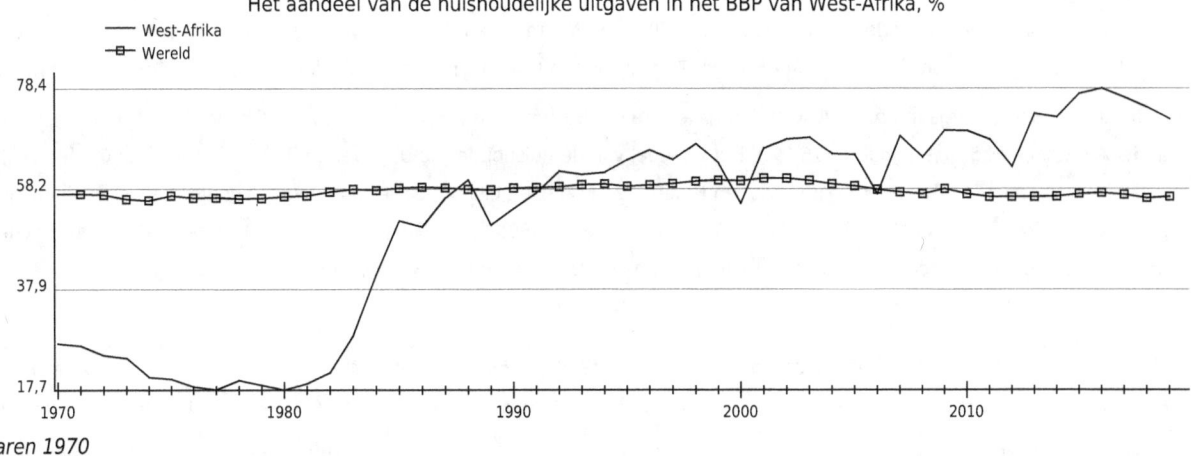

Het aandeel van de huishoudelijke uitgaven in het BBP van West-Afrika, %

de jaren 1970

De huishoudelijke uitgaven van West-Afrika bedroeg in de jaren 1970 US$22,8 miljard per jaar. Het aandeel in de wereld was 0,62%, en 20,5% in Afrika.

Het aandeel van de huishoudelijke uitgaven in het BBP van West-Afrika was 20,1% in de jaren 1970.

De huishoudelijke uitgaven per hoofd in West-Afrika was $191,4 in de jaren 1970s, en was vergelijkbaar met Niger (US$186,8). De huishoudelijke uitgaven per hoofd in West-Afrika was in 4,8 keer lager dan de huishoudelijke uitgaven per hoofd van de bevolking in de wereld ($914,8), en was 29,4% lager dan de huishoudelijke uitgaven per hoofd van de bevolking in Afrika ($914,8).

De groei van de huishoudelijke uitgaven in West-Afrika bedroeg 4.2% in de jaren 1970, en was vergelijkbaar met Spanje (4,1%), Amerika (4,1%), Cyprus (4,1%). De groei van de huishoudelijke uitgaven in West-Afrika (4,2%) was groter dan de groei van de huishoudelijke uitgaven in de wereld (4,1%), was groter dan de groei van de huishoudelijke uitgaven in Afrika (4,1%).

Vergelijking met subregio's. De huishoudelijke uitgaven van West-Afrika was groter dan in Zuidelijk Afrika (US$20,5 miljard) en in Centraal-Afrika (US$12,6 miljard); maar minder dan in Noord-Afrika (US$31,5 miljard) en in Oost-Afrika (US$23,8 miljard). De huishoudelijke uitgaven per hoofd in West-Afrika was in West-Afrika minder dan in Zuidelijk Afrika (US$725,1), in Noord-Afrika (US$326,5), in Centraal-Afrika (US$276,6) en in Oost-Afrika (US$197,3). De groei van de huishoudelijke uitgaven in West-Afrika was groter dan in Zuidelijk Afrika (3,5%), in Oost-Afrika (2,9%) en in Centraal-Afrika (1,4%); maar minder dan in Noord-Afrika (6,2%).

Leiders. De huishoudelijke uitgaven van West-Afrika in de jaren 1970 bestond uit: Nigeria (36,7%), Ghana (15,7%), Ivoorkust (10,8%), Senegal (7,7%), Guinee (4,9%), en andere (24,3%). Het aandeel van de huishoudelijke uitgaven in BBP van de leiders: Guinee (91,8%), Senegal (76,0%), Ghana (71,4%), Ivoorkust (57,9%) en Nigeria (9,0%). De huishoudelijke uitgaven per hoofd in West-Afrika onder de leiders: Ivoorkust ($388,9), Ghana ($365,5), Senegal ($360,0), Guinee ($250,8) en Nigeria ($132,8). De groei van de huishoudelijke uitgaven onder de leiders: Ivoorkust (6,5%), Nigeria (4,1%), Senegal (3,2%), Guinee (3,0%) en Ghana (0,38%).

de jaren 1980

De huishoudelijke uitgaven van West-Afrika bedroeg in de jaren 1980 US$72,0 miljard per jaar, en was vergelijkbaar met Zweden (US$72,0 miljard), Iran (US$70,6 miljard). Het aandeel in de wereld was 0,82%, en 26,7% in Afrika.

Het aandeel van de huishoudelijke uitgaven in het BBP van West-Afrika was 35,3% in de jaren 1980.

De huishoudelijke uitgaven per hoofd in West-Afrika was $460,7 in de jaren 1980s, en was vergelijkbaar met Kaapverdië (US$457,5), Guinee (US$464,4), Guinee-Bissau (US$465,0). De huishoudelijke uitgaven per hoofd in West-Afrika was in 3,9 keer lager dan de huishoudelijke uitgaven per hoofd van de bevolking in de wereld ($1.808,0), en was 7,5% lager dan de huishoudelijke uitgaven per hoofd van de bevolking in Afrika ($1.808,0).

De groei van de huishoudelijke uitgaven in West-Afrika bedroeg -0.8% in de jaren 1980. De groei van de huishoudelijke uitgaven in West-Afrika (-0,82%) was minder dan de groei van de huishoudelijke uitgaven in de wereld (3,0%), was minder dan de groei van de huishoudelijke uitgaven in Afrika (2,3%).

Vergelijking met subregio's. De huishoudelijke uitgaven van West-Afrika was groter dan in Zuidelijk Afrika (US$48,5 miljard), in Oost-Afrika (US$45,7 miljard) en in Centraal-Afrika (US$22,7 miljard); maar minder dan in Noord-Afrika (US$80,8 miljard). De huishoudelijke uitgaven per hoofd in West-Afrika was in West-Afrika groter dan in Centraal-Afrika (US$376,3) en in Oost-Afrika (US$281,2); maar minder dan in Zuidelijk Afrika (US$1.323,0) en in Noord-Afrika (US$640,4). De groei van de huishoudelijke uitgaven in West-Afrika was minder dan in Noord-Afrika (4,5%), in Zuidelijk Afrika (3,4%), in Centraal-Afrika (3,1%) en in Oost-Afrika (3,0%).

Leiders. De huishoudelijke uitgaven van West-Afrika in de jaren 1980 bestond uit: Nigeria (58,2%), Ghana (9,3%), Ivoorkust (7,8%), Senegal (5,1%), Guinee (3,5%), en andere (16,1%). Het aandeel van de huishoudelijke uitgaven in BBP van de leiders: Guinee (91,1%), Senegal (77,8%), Ghana (77,2%), Ivoorkust (64,5%) en Nigeria (25,6%). De huishoudelijke uitgaven per hoofd in West-Afrika onder de leiders: Ivoorkust ($576,2), Senegal ($571,8), Ghana ($532,1), Nigeria ($505,8) en Guinee ($464,4). De groei van de huishoudelijke uitgaven onder de leiders: Guinee (2,3%), Senegal (2,0%), Ghana (1,9%), Ivoorkust (1,3%) en Nigeria (-2,4%).

de jaren 1990

De huishoudelijke uitgaven van West-Afrika bedroeg in de jaren 1990 US$69,6 miljard per jaar, en was vergelijkbaar met Portugal (US$69,9 miljard), Thailand (US$69,0 miljard), Noorwegen (US$68,7 miljard). Het aandeel in de wereld was 0,41%, en 18,4% in Afrika.

Het aandeel van de huishoudelijke uitgaven in het BBP van West-Afrika was 62,0% in de jaren 1990, en was vergelijkbaar met Bulgarije (62,0%), Litouwen (61,8%), Cuba (62,3%).

De huishoudelijke uitgaven per hoofd in West-Afrika was $341,8 in de jaren 1990s, en was vergelijkbaar met Centraal-Afrika (US$341,9), Moldavië (US$342,8), Oost-Timor (US$338,9). De huishoudelijke uitgaven per hoofd in West-Afrika was in 8,7 keer lager dan de huishoudelijke uitgaven per hoofd van de bevolking in de wereld ($2.963,9), en was 35,8% lager dan de huishoudelijke uitgaven per hoofd van de bevolking in Afrika ($2.963,9).

De groei van de huishoudelijke uitgaven in West-Afrika bedroeg 3.1% in de jaren 1990, en was vergelijkbaar met Mozambique (3,1%). De groei van de huishoudelijke uitgaven in West-Afrika (3,1%) was groter dan de groei van de huishoudelijke uitgaven in de wereld (3,0%), was groter dan de groei van de huishoudelijke uitgaven in Afrika (2,6%).

Vergelijking met subregio's. De huishoudelijke uitgaven van West-Afrika was groter dan in Oost-Afrika (US$52,5 miljard) en in Centraal-Afrika (US$28,1 miljard); maar minder dan in Noord-Afrika (US$136,0 miljard) en in Zuidelijk Afrika (US$91,2 miljard). De huishoudelijke uitgaven per hoofd in West-Afrika was in West-Afrika groter dan in Oost-Afrika (US$242,8); maar minder dan in Zuidelijk Afrika (US$1.953,8), in Noord-Afrika (US$851,7) en in Centraal-Afrika (US$341,9). De groei van de huishoudelijke uitgaven in West-Afrika was groter dan in Oost-Afrika (2,9%), in Zuidelijk Afrika (2,5%) en in Centraal-Afrika (-1,2%); maar minder dan in Noord-Afrika (3,2%).

Leiders. De huishoudelijke uitgaven van West-Afrika in de jaren 1990 bestond uit: Nigeria (39,4%), Ghana (14,9%), Ivoorkust (10,9%), Senegal (7,3%), Guinee (6,2%), en andere (21,2%). Het aandeel van de huishoudelijke uitgaven in BBP van de leiders: Guinee (90,5%), Senegal (73,4%), Ghana (73,0%), Ivoorkust (66,2%) en Nigeria (49,2%). De huishoudelijke uitgaven per hoofd in West-Afrika onder de leiders: Ghana ($618,0), Guinee ($596,2), Senegal ($595,0), Ivoorkust ($545,4) en Nigeria ($256,8). De groei van de huishoudelijke uitgaven onder de leiders: Ghana (5,9%), Guinee (5,0%), Nigeria (3,5%), Senegal (2,5%) en Ivoorkust (1,4%).

de jaren 2000

De huishoudelijke uitgaven van West-Afrika bedroeg in de jaren 2000 US$174,5 miljard per jaar, en was vergelijkbaar met Zweden (US$173,7 miljard). Het aandeel in de wereld was 0,64%, en 26,2% in Afrika.

Het aandeel van de huishoudelijke uitgaven in het BBP van West-Afrika was 65,3% in de jaren 2000, en was vergelijkbaar met Antigua en Barbuda (65,3%), Peru (65,2%), Argentinië (65,1%).

De huishoudelijke uitgaven per hoofd in West-Afrika was $658,0 in de jaren 2000s, en was vergelijkbaar met Lesotho (US$661,8). De huishoudelijke uitgaven per hoofd in West-Afrika was in 6,4 keer lager dan de huishoudelijke uitgaven per hoofd van de bevolking in de wereld ($4.208,2), en was 10,6% lager dan de huishoudelijke uitgaven per hoofd van de bevolking in Afrika ($4.208,2).

De groei van de huishoudelijke uitgaven in West-Afrika bedroeg 8.3% in de jaren 2000. De groei van de huishoudelijke uitgaven in West-Afrika (8,3%) was groter dan de groei van de huishoudelijke uitgaven in de wereld (3,0%), was groter dan de groei van de huishoudelijke uitgaven in Afrika (6,0%).

Vergelijking met subregio's. De huishoudelijke uitgaven van West-Afrika was groter dan in Zuidelijk Afrika (US$144,6 miljard), in Oost-Afrika (US$89,6 miljard) en in Centraal-Afrika (US$49,1 miljard); maar minder dan in Noord-Afrika (US$209,4 miljard). De huishoudelijke uitgaven per hoofd in West-Afrika was in West-Afrika groter dan in Centraal-Afrika (US$442,5) en in Oost-Afrika

(US$313,8); maar minder dan in Zuidelijk Afrika (US$2,7 duizend) en in Noord-Afrika (US$1.099,8). De groei van de huishoudelijke uitgaven in West-Afrika was groter dan in Oost-Afrika (5,9%), in Centraal-Afrika (5,3%), in Noord-Afrika (4,8%) en in Zuidelijk Afrika (4,1%).

Leiders. De huishoudelijke uitgaven van West-Afrika in de jaren 2000 bestond uit: Nigeria (62,7%), Ghana (9,2%), Ivoorkust (6,6%), Senegal (4,7%), Burkina Faso (2,8%), en andere (14,0%). Het aandeel van de huishoudelijke uitgaven in BBP van de leiders: Burkina Faso (81,5%), Senegal (75,0%), Ghana (71,8%), Ivoorkust (68,3%) en Nigeria (60,9%). De huishoudelijke uitgaven per hoofd in West-Afrika onder de leiders: Nigeria ($795,1), Senegal ($753,1), Ghana ($746,3), Ivoorkust ($636,7) en Burkina Faso ($362,4). De groei van de huishoudelijke uitgaven onder de leiders: Nigeria (10,8%), Senegal (4,7%), Ghana (4,0%), Burkina Faso (3,8%) en Ivoorkust (3,1%).

de jaren 2010

De huishoudelijke uitgaven van West-Afrika bedroeg in de jaren 2010 US$471,3 miljard per jaar. Het aandeel in de wereld was 1,1%, en 31,2% in Afrika.

Het aandeel van de huishoudelijke uitgaven in het BBP van West-Afrika was 72,7% in de jaren 2010, en was vergelijkbaar met Somalië (72,6%), Servië (72,4%), de Marshalleilanden (72,3%).

De huishoudelijke uitgaven per hoofd in West-Afrika was $1.354,7 in de jaren 2010s, en was vergelijkbaar met Sao Tomé en Principe (US$1.344,3), Bhutan (US$1.376,6), Vietnam (US$1.378,2). De huishoudelijke uitgaven per hoofd in West-Afrika was in 4,4 keer lager dan de huishoudelijke uitgaven per hoofd van de bevolking in de wereld ($6.018,5), en was 4,8% hoger dan de huishoudelijke uitgaven per hoofd van de bevolking in Afrika ($6.018,5).

De groei van de huishoudelijke uitgaven in West-Afrika bedroeg 2% in de jaren 2010, en was vergelijkbaar met Gambia (2,0%), Australië (2,0%). De groei van de huishoudelijke uitgaven in West-Afrika (2,0%) was minder dan de groei van de huishoudelijke uitgaven in de wereld (2,8%), was minder dan de groei van de huishoudelijke uitgaven in Afrika (3,3%).

Vergelijking met subregio's. De huishoudelijke uitgaven van West-Afrika was 4,9% groter dan in Noord-Afrika (US$449,1 miljard), 99,5% groter dan in Zuidelijk Afrika (US$236,2 miljard), 2,1 keer groter dan in Oost-Afrika (US$226,8 miljard) en 3,7 keer groter dan in Centraal-Afrika (US$127,0 miljard). De huishoudelijke uitgaven per hoofd in West-Afrika was in West-Afrika62,4% groter dan in Centraal-Afrika (US$834,3) en 2,3 keer groter dan in Oost-Afrika (US$590,4); maar 2,8 keer minder dan in Zuidelijk Afrika (US$3,8 duizend) en 33,2% minder dan in Noord-Afrika (US$2,0 duizend). De groei van de huishoudelijke uitgaven in West-Afrika was minder dan in Oost-Afrika (5,4%), in Centraal-Afrika (4,4%), in Noord-Afrika (3,7%) en in Zuidelijk Afrika (2,4%).

Leiders. De huishoudelijke uitgaven van West-Afrika in de jaren 2010 bestond uit: Nigeria (69,8%), Ghana (8,5%), Ivoorkust (6,1%), Senegal (3,0%), Mali (2,2%), en andere (10,3%). Het aandeel van de huishoudelijke uitgaven in BBP van de leiders: Mali (75,1%), Nigeria (73,3%), Senegal (71,7%), Ghana (71,4%) en Ivoorkust (66,8%). De huishoudelijke uitgaven per hoofd in West-Afrika onder de leiders: Nigeria ($1.836,5), Ghana ($1.457,7), Ivoorkust ($1.257,0), Senegal ($981,1) en Mali ($612,4). De groei van de huishoudelijke uitgaven onder de leiders: Mali (8,1%), Ghana (7,3%), Senegal (3,6%), Nigeria (1,6%) en Ivoorkust (-2,7%).

Hoofdstuk XIV. Voedsel consumptie

Tijdens de onderzoeksperiode groeide de voedselconsumptie in stimulerende middelen (in 6,5 keer), noten (in 2,0 keer), specerijen (met 95,6%), peulvruchten (met 88,8%), suiker (met 87,3%), eieren (met 68,2%), zetmeelrijke wortels (met 49,0%), groenten (met 38,1%), granen (met 38,0%), vis (met 34,8%), vlees (met 26,5%), plantaardige oliën (met 21,9%), melk (met 11,1%), alcoholische dranken (met 7,2%), fruit (met 1,5%).

Dit zijn de correlatiecoëfficiënten tussen het bni per hoofd van de bevolking in constante prijzen en de voedselconsumptie: stimulerende middelen (0.994), peulvruchten (0.956), noten (0.936), vis (0.93), vlees (0.892), suiker (0.872), specerijen (0.864), groenten (0.831), eieren (0.812), granen (0.795), zetmeelrijke wortels (0.758), fruit (0.617), melk (0.603), plantaardige oliën (0.531), alcoholische dranken (0.255).

de jaren 1970

De consumptie van kcal in West-Afrika was 1.909,8 kcal/hoofd/dag in the 1970s, and was on a par with Vietnam (1.912,0 kcal/hoofd/dag), China (1.914,0 kcal/hoofd/dag), Jemen (1.923,4 kcal/hoofd/dag). De consumptie van kcal in West-Afrika was minder dan in de wereld (2.403,2 kcal/hoofd/dag), en was minder dan in Afrika (2.120,4 kcal/hoofd/dag). De structuur van de consumptie: granen (44.9%), zetmeelrijke wortels (18.4%), plantaardige oliën (11.2%), fruit (4.9%), suiker (2.8%), en anderen (17.8%).

De consumptie van eiwitten in West-Afrika was 46,0 g/hoofd/dag in the 1970s, and was on a par with Burkina Faso (46,0 g/hoofd/dag), Liberia (45,8 g/hoofd/dag). De consumptie van eiwitten in West-Afrika was minder dan in de wereld (65,0 g/hoofd/dag), en was minder dan in Afrika (54,9 g/hoofd/dag). De structuur van de consumptie: granen (48.7%), vlees (8.8%), zetmeelrijke wortels (8%), peulvruchten (7.6%), vis (7.3%), en anderen (19.6%).

De consumptie van vet in West-Afrika was 44,7 g/hoofd/dag in the 1970s, and was on a par with Sri Lanka (44,6 g/hoofd/dag), Marokko (44,5 g/hoofd/dag), Bolivia (45,2 g/hoofd/dag). De consumptie van vet in West-Afrika was minder dan in de wereld (55,1 g/hoofd/dag), en was groter dan in Afrika (43,8 g/hoofd/dag). De structuur van de consumptie: plantaardige oliën (54.2%), granen (15.1%), vlees (6.4%), melk (3%), vis (1.5%), en anderen (19.8%).

Dit zijn niveaus van voedselconsumptie: zetmeelrijke wortels (137,4 kg/hoofd/jr), granen (104,7 kg/hoofd/jr), fruit (60,5 kg/hoofd/jr), alcoholische dranken (47,7 kg/hoofd/jr), groenten (39,5 kg/hoofd/jr), melk (17,3 kg/hoofd/jr), vis (11,4 kg/hoofd/jr), vlees (10,0 kg/hoofd/jr), plantaardige oliën (8,9 kg/hoofd/jr), peulvruchten (5,9 kg/hoofd/jr), suiker (5,6 kg/hoofd/jr), noten (1,8 kg/hoofd/jr), eieren (1,5 kg/hoofd/jr), specerijen (0,69 kg/hoofd/jr), stimulerende middelen (0,22 kg/hoofd/jr).

de jaren 1980

De consumptie van kcal in West-Afrika was 2.009,4 kcal/hoofd/dag in the 1980s, and was on a par with Bolivia (2.012,2 kcal/hoofd/dag), Oost-Afrika (2.005,1 kcal/hoofd/dag), Sierra Leone (2.017,8 kcal/hoofd/dag). De consumptie van kcal in West-Afrika was minder dan in de wereld (2.572,3 kcal/hoofd/dag), en was minder dan in Afrika (2.241,9 kcal/hoofd/dag). De structuur van de consumptie: granen (48.9%), zetmeelrijke wortels (15%), plantaardige oliën (11.2%), fruit (4.1%), suiker (3.7%), en anderen (17.1%).

De consumptie van eiwitten in West-Afrika was 48,3 g/hoofd/dag in the 1980s, and was on a par with Tsjaad (48,2 g/hoofd/dag), de Filipijnen (48,4 g/hoofd/dag), Liberia (48,5 g/hoofd/dag). De consumptie van eiwitten in West-Afrika was minder dan in de wereld (69,1 g/hoofd/dag), en was minder dan in Afrika (57,5 g/hoofd/dag). De structuur van de consumptie: granen (52.2%), vlees (9.3%), vis (7%), peulvruchten (6.7%), zetmeelrijke wortels (6.2%), en anderen (18.6%).

De consumptie van vet in West-Afrika was 46,3 g/hoofd/dag in the 1980s, and was on a par with Afrika (46,6 g/hoofd/dag). De consumptie van vet in West-Afrika was minder dan in de wereld (63,2 g/hoofd/dag), en was minder dan in Afrika (46,6 g/hoofd/dag). De structuur van de consumptie: plantaardige oliën (55.1%), granen (15.4%), vlees (7.1%), melk (2.7%), vis (1.5%), en anderen (18.2%).

Dit zijn niveaus van voedselconsumptie: zetmeelrijke wortels (118,2 kg/hoofd/jr), granen (117,9 kg/hoofd/jr), fruit (55,0 kg/hoofd/jr), alcoholische dranken (52,9 kg/hoofd/jr), groenten (37,2 kg/hoofd/jr), melk (17,4 kg/hoofd/jr), vis (11,9 kg/hoofd/jr), vlees (11,3 kg/hoofd/jr), plantaardige oliën (9,4 kg/hoofd/jr), suiker (7,7 kg/hoofd/jr), peulvruchten (5,4 kg/hoofd/jr), eieren (1,8 kg/hoofd/jr), noten (1,6 kg/hoofd/jr), specerijen (0,72 kg/hoofd/jr), stimulerende middelen (0,28 kg/hoofd/jr).

de jaren 1990

De consumptie van kcal in West-Afrika was 2.402,0 kcal/hoofd/dag in the 1990s, and was on a par with Thailand (2.400,9 kcal/hoofd/dag), Grenada (2.408,0 kcal/hoofd/dag), El Salvador (2.395,4 kcal/hoofd/dag). De consumptie van kcal in West-Afrika was minder dan in de wereld (2.652,6 kcal/hoofd/dag), en was groter dan in Afrika (2.365,6 kcal/hoofd/dag). De structuur van de consumptie: granen (47.2%), zetmeelrijke wortels (19.9%), plantaardige oliën (11.2%), fruit (3.7%), suiker (3.1%), en anderen (14.9%).

De consumptie van eiwitten in West-Afrika was 55,3 g/hoofd/dag in the 1990s, and was on a par with Nigeria (54,8 g/hoofd/dag). De consumptie van eiwitten in West-Afrika was minder dan in de wereld (72,1 g/hoofd/dag), en was minder dan in Afrika (60,1 g/hoofd/dag). De structuur van de consumptie: granen (52.5%), zetmeelrijke wortels (8.7%), peulvruchten (8.2%), vlees (7.6%), vis (5.7%), en anderen (17.3%).

De consumptie van vet in West-Afrika was 53,0 g/hoofd/dag in the 1990s, and was on a par with Tsjaad (53,2 g/hoofd/dag), Botswana (53,4 g/hoofd/dag), Mali (52,6 g/hoofd/dag). De consumptie van vet in West-Afrika was minder dan in de wereld (69,0 g/hoofd/dag), en was groter dan in Afrika (48,6 g/hoofd/dag). De structuur van de consumptie: plantaardige oliën (57.6%), granen (16%), vlees (5.9%), melk (2.2%), zetmeelrijke wortels (1.7%), en anderen (16.6%).

Dit zijn niveaus van voedselconsumptie: zetmeelrijke wortels (190,1 kg/hoofd/jr), granen (134,9 kg/hoofd/jr), fruit (58,0 kg/hoofd/jr), alcoholische dranken (50,9 kg/hoofd/jr), groenten (47,4 kg/hoofd/jr), melk (14,4 kg/hoofd/jr), plantaardige oliën (11,3 kg/hoofd/jr), vlees (10,6 kg/hoofd/jr), vis (10,6 kg/hoofd/jr), suiker (7,6 kg/hoofd/jr), peulvruchten (7,5 kg/hoofd/jr), eieren (2,2 kg/hoofd/jr), noten (1,6 kg/hoofd/jr), specerijen (1,1 kg/hoofd/jr), stimulerende middelen (0,50 kg/hoofd/jr).

de jaren 2000

De consumptie van kcal in West-Afrika was 2.589,6 kcal/hoofd/dag in the 2000s, and was on a par with Centraal-Azië (2.589,0 kcal/hoofd/dag), Bermuda (2.594,5 kcal/hoofd/dag), El Salvador (2.583,8 kcal/hoofd/dag). De consumptie van kcal in West-Afrika was minder dan in de wereld (2.765,9 kcal/hoofd/dag), en was groter dan in Afrika (2.509,9 kcal/hoofd/dag). De structuur van de consumptie: granen (45.1%), zetmeelrijke wortels (19.5%), plantaardige oliën (11.1%), suiker (3.7%), fruit (3.7%), en anderen (16.9%).

De consumptie van eiwitten in West-Afrika was 61,2 g/hoofd/dag in the 2000s, and was on a par with Nigeria (61,3 g/hoofd/dag), Myanmar (61,5 g/hoofd/dag), de Caraïben (61,6 g/hoofd/dag). De consumptie van eiwitten in West-Afrika was minder dan in de wereld (76,5 g/hoofd/dag), en was minder dan in Afrika (65,1 g/hoofd/dag). De structuur van de consumptie: granen (48.3%), peulvruchten (9.4%), zetmeelrijke wortels (9.1%), vlees (7.4%), vis (6.2%), en anderen (19.6%).

De consumptie van vet in West-Afrika was 59,0 g/hoofd/dag in the 2000s, and was on a par with Mali (58,5 g/hoofd/dag). De consumptie van vet in West-Afrika was minder dan in de wereld (76,9 g/hoofd/dag), en was groter dan in Afrika (52,8 g/hoofd/dag). De structuur van de consumptie: plantaardige oliën (55.1%), granen (13.9%), vlees (5.9%), melk (2.6%), noten (2.5%), en anderen (20%).

Dit zijn niveaus van voedselconsumptie: zetmeelrijke wortels (195,5 kg/hoofd/jr), granen (139,1 kg/hoofd/jr), fruit (61,0 kg/hoofd/jr), groenten (54,7 kg/hoofd/jr), alcoholische dranken (53,1 kg/hoofd/jr), melk (16,9 kg/hoofd/jr), vis (12,9 kg/hoofd/jr), plantaardige oliën (12,0 kg/hoofd/jr), vlees (11,7 kg/hoofd/jr), suiker (9,8 kg/hoofd/jr), peulvruchten (9,5 kg/hoofd/jr), noten (3,2 kg/hoofd/jr), eieren (2,4 kg/hoofd/jr), specerijen (1,3 kg/hoofd/jr), stimulerende middelen (0,73 kg/hoofd/jr).

de jaren 2010

De consumptie van kcal in West-Afrika was 2.687,0 kcal/hoofd/dag in the 2010s, and was on a par with Zuidoost-Azië (2.686,3 kcal/hoofd/dag), Burkina Faso (2.693,0 kcal/hoofd/dag), Guyana (2.693,0 kcal/hoofd/dag). De consumptie van kcal in West-Afrika was minder dan in de wereld (2.869,3 kcal/hoofd/dag), en was groter dan in Afrika (2.612,5 kcal/hoofd/dag). De structuur van de consumptie: granen (45.7%), zetmeelrijke wortels (19.7%), plantaardige oliën (9.7%), suiker (3.8%), peulvruchten (3.8%), en anderen (17.3%).

De consumptie van eiwitten in West-Afrika was 65,0 g/hoofd/dag in the 2010s, and was on a par with Pakistan (64,5 g/hoofd/dag), Bolivia (65,5 g/hoofd/dag), Cambodja (64,5 g/hoofd/dag). De consumptie van eiwitten in West-Afrika was minder dan in de wereld (80,6 g/hoofd/dag), en was minder dan in Afrika (69,0 g/hoofd/dag). De structuur van de consumptie: granen (47%), peulvruchten (10.4%), zetmeelrijke wortels (9.3%), vlees (7.5%), vis (6.6%), en anderen (19.2%).

De consumptie van vet in West-Afrika was 57,7 g/hoofd/dag in the 2010s, and was on a par with Guyana (57,5 g/hoofd/dag), Nigeria (57,4 g/hoofd/dag), Azerbeidzjan (58,1 g/hoofd/dag). De consumptie van vet in West-Afrika was minder dan in de wereld (82,4 g/hoofd/dag), en was groter dan in Afrika (54,7 g/hoofd/dag). De structuur van de consumptie: plantaardige oliën (51.1%), granen (14.5%), vlees (6.3%), noten (3.1%), melk (3.1%), en anderen (21.9%).

Dit zijn niveaus van voedselconsumptie: zetmeelrijke wortels (204,8 kg/hoofd/jr), granen (144,5 kg/hoofd/jr), fruit (61,4 kg/hoofd/jr), groenten (54,6 kg/hoofd/jr), alcoholische dranken (51,2 kg/hoofd/jr), melk (19,2 kg/hoofd/jr), vis (15,4 kg/hoofd/jr), vlees (12,7 kg/hoofd/jr), peulvruchten (11,1 kg/hoofd/jr), plantaardige oliën (10,9 kg/hoofd/jr), suiker (10,4 kg/hoofd/jr), noten (3,7 kg/hoofd/jr), eieren (2,5 kg/hoofd/jr), stimulerende middelen (1,4 kg/hoofd/jr), specerijen (1,4 kg/hoofd/jr).

Part V. Reproductie

Index van Koesjnir, (-) consumptie - (+) reproductie

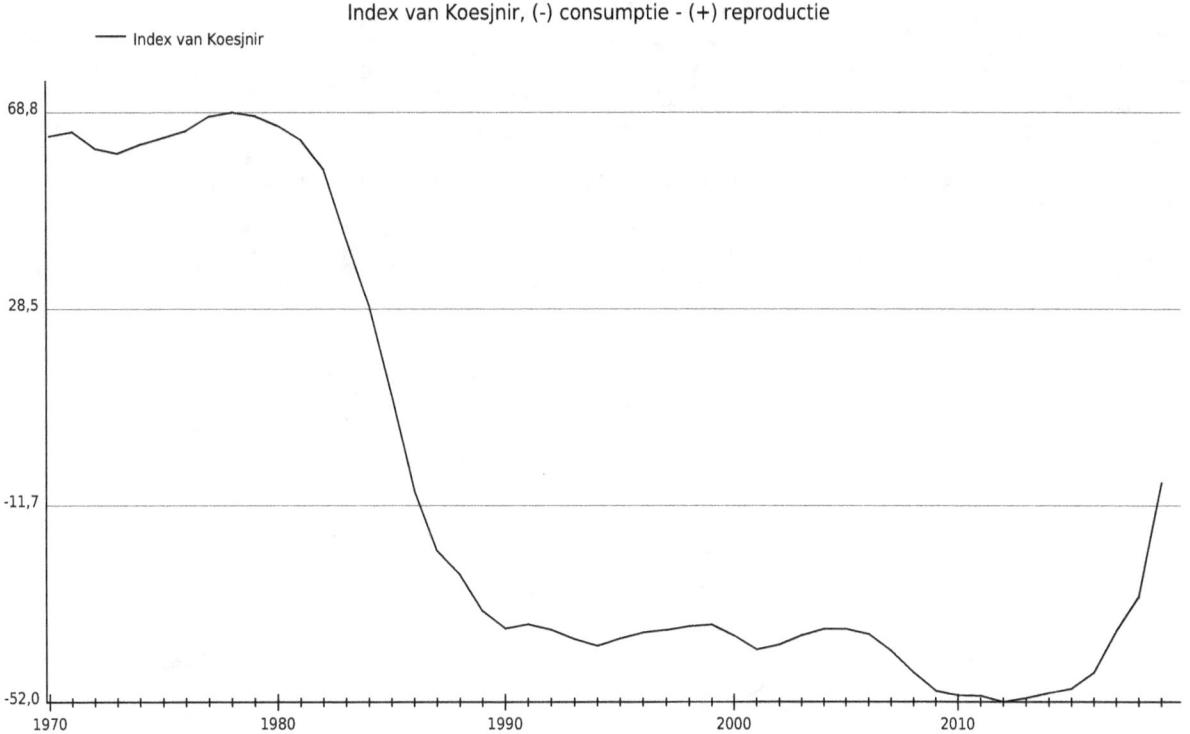

Hoofdstuk XV. Bruto-investeringen in vaste activa

De investeringen in vaste activa van West-Afrika steeg van US$82,0 miljard per jaar in de jaren 1970 tot US$120,2 miljard per jaar in de jaren 2010, dat wil zeggen met US$38,2 miljard of 46,7%. De verandering vond plaats op US$18,8 miljard als gevolg van een 1,2-voudige stijging van de prijzen, en ook op -US$137,7 miljard als gevolg van een 2,4-voudige afname van het tarief per hoofd , evenals op US$157,2 miljard als gevolg van de toename van de bevolking. De gemiddelde jaarlijkse groei van de investeringen in vaste activa is 1,7%. De minimumwaarde van de investeringen in vaste activa bedroeg US$25,2 miljard in 1970. De maximumwaarde van de investeringen in vaste activa bedroeg US$208,1 miljard in 1981.

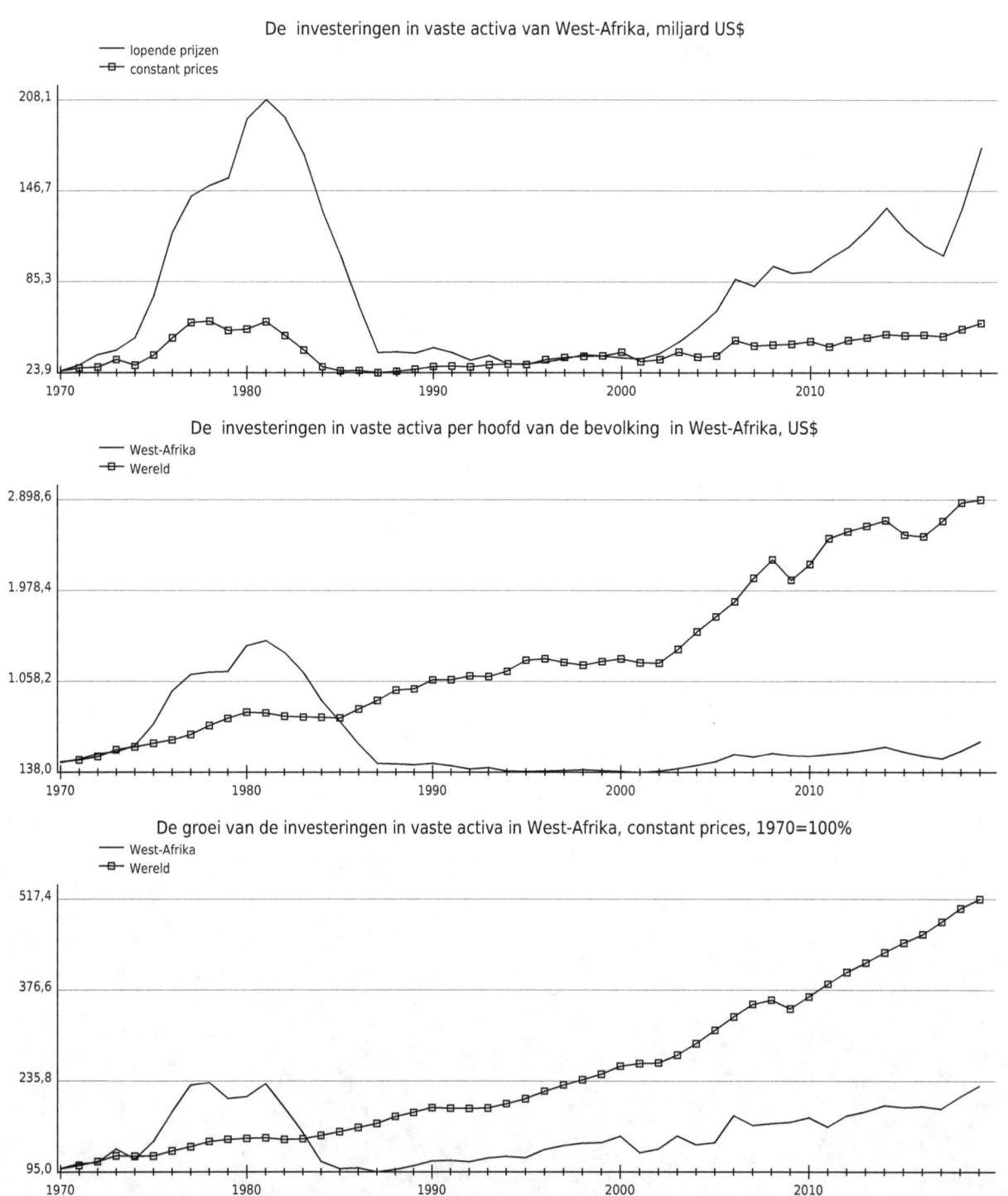

De investeringen in vaste activa van West-Afrika, miljard US$

De investeringen in vaste activa per hoofd van de bevolking in West-Afrika, US$

De groei van de investeringen in vaste activa in West-Afrika, constant prices, 1970=100%

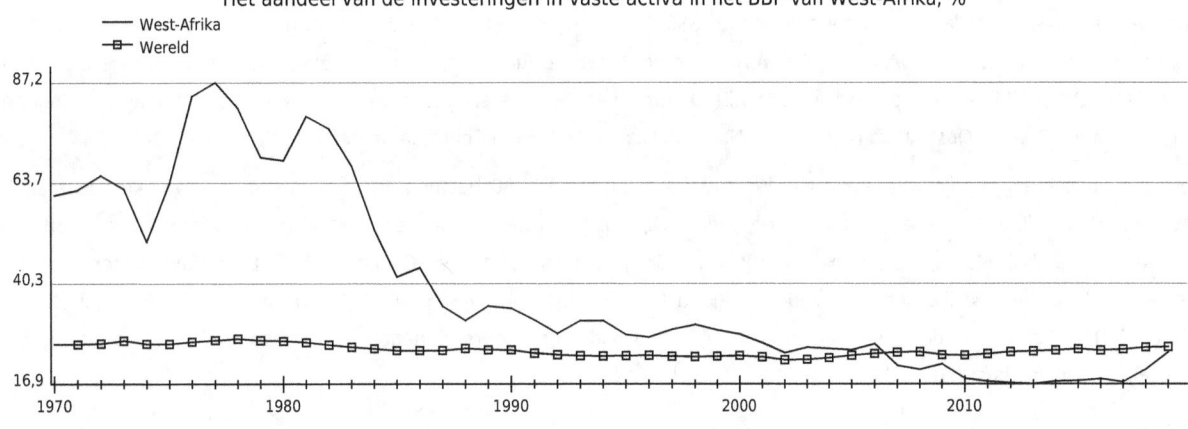

Het aandeel van de investeringen in vaste activa in het BBP van West-Afrika, %

de jaren 1970

De bruto-investeringen in vaste activa van West-Afrika bedroeg in de jaren 1970 US$82,0 miljard per jaar, en was vergelijkbaar met Frankrijk (US$82,9 miljard). Het aandeel in de wereld was 4,7%, en 68,9% in Afrika.

Het aandeel van de investeringen in vaste activa in het BBP van West-Afrika was 72,4% in de jaren 1970.

De investeringen in vaste activa per hoofd in West-Afrika was $687,4 in de jaren 1970s, en was vergelijkbaar met Polynesië (US$682,2), Oman (US$677,4). De bruto-investeringen in vaste activa per hoofd in West-Afrika was 58,6% hoger dan de investeringen in vaste activa per hoofd van de bevolking in de wereld ($433,5), en was in 2,4 keer hoger dan de investeringen in vaste activa per hoofd van de bevolking in Afrika ($433,5).

De groei van de investeringen in vaste activa in West-Afrika bedroeg 8.5% in de jaren 1970, en was vergelijkbaar met Malta (8,5%), Saint Lucia (8,5%), Joegoslavië (8,6%). De groei van de investeringen in vaste activa in West-Afrika (8,5%) was groter dan de groei van de investeringen in vaste activa in de wereld (4,2%), was groter dan de groei van de investeringen in vaste activa in Afrika (7,1%).

Vergelijking met subregio's. De investeringen in vaste activa van West-Afrika was groter dan in Noord-Afrika (US$15,9 miljard), in Zuidelijk Afrika (US$10,1 miljard), in Centraal-Afrika (US$5,7 miljard) en in Oost-Afrika (US$5,2 miljard). De bruto-investeringen in vaste activa per hoofd in West-Afrika was in West-Afrika groter dan in Zuidelijk Afrika (US$357,0), in Noord-Afrika (US$164,8), in Centraal-Afrika (US$126,3) en in Oost-Afrika (US$43,3). De groei van de investeringen in vaste activa in West-Afrika was groter dan in Zuidelijk Afrika (3,7%), in Centraal-Afrika (2,5%) en in Oost-Afrika (-0,32%); maar minder dan in Noord-Afrika (9,5%).

Leiders. De bruto-investeringen in vaste activa van West-Afrika in de jaren 1970 bestond uit: Nigeria (95,4%), Ivoorkust (1,3%), Ghana (0,80%), Mauritanië (0,63%), Senegal (0,36%), en andere (1,5%). Het aandeel van de investeringen in vaste activa in BBP van de leiders: Nigeria (84,1%), Mauritanië (56,2%), Ivoorkust (24,7%), Ghana (13,1%) en Senegal (13,0%). De bruto-investeringen in vaste activa per hoofd in West-Afrika onder de leiders: Nigeria ($1.240,6), Mauritanië ($393,1), Ivoorkust ($166,1), Ghana ($67,0) en Senegal ($61,5). De groei van de investeringen in vaste activa onder de leiders: Ivoorkust (10,8%), Nigeria (9,1%), Senegal (2,6%), Mauritanië (2,0%) en Ghana (-3,5%).

de jaren 1980

De investeringen in vaste activa van West-Afrika bedroeg in de jaren 1980 US$118,6 miljard per jaar, en was vergelijkbaar met Zuid-Amerika (US$115,8 miljard). Het aandeel in de wereld was 3,1%, en 60,5% in Afrika.

Het aandeel van de investeringen in vaste activa in het BBP van West-Afrika was 58,2% in de jaren 1980.

De investeringen in vaste activa per hoofd in West-Afrika was $759,4 in de jaren 1980s, en was vergelijkbaar met Algerije (US$762,5), Iran (US$755,4), Hongarije (US$754,8). De bruto-investeringen in vaste activa per hoofd in West-Afrika was 4,0% lager dan de investeringen in vaste activa per hoofd van de bevolking in de wereld ($790,9), en was in 2,1 keer hoger dan de investeringen in vaste activa per hoofd van de bevolking in Afrika ($790,9).

De groei van de investeringen in vaste activa in West-Afrika bedroeg -6.7% in de jaren 1980. De groei van de investeringen in vaste activa in West-Afrika (-6,7%) was minder dan de groei van de investeringen in vaste activa in de wereld (2,5%), was minder dan de groei van de investeringen in vaste activa in Afrika (-3,3%).

Vergelijking met subregio's. De investeringen in vaste activa van West-Afrika was groter dan in Noord-Afrika (US$38,3 miljard), in Zuidelijk Afrika (US$20,8 miljard), in Centraal-Afrika (US$9,8 miljard) en in Oost-Afrika (US$8,6 miljard). De investeringen in vaste activa per hoofd in West-Afrika was in West-Afrika groter dan in Zuidelijk Afrika (US$566,4), in Noord-Afrika (US$303,5), in Centraal-Afrika (US$162,8) en in Oost-Afrika (US$53,2). De groei van de investeringen in vaste activa in West-Afrika was minder dan in Zuidelijk Afrika (0,63%), in Oost-Afrika (-0,67%), in Noord-Afrika (-1,2%) en in Centraal-Afrika (-1,3%).

Leiders. De investeringen in vaste activa van West-Afrika in de jaren 1980 bestond uit: Nigeria (94,7%), Ivoorkust (1,1%), Ghana (0,84%), Mauritanië (0,65%), Senegal (0,57%), en andere (2,1%). Het aandeel van de investeringen in vaste activa in BBP van de leiders: Nigeria (68,7%), Mauritanië (40,9%), Ivoorkust (15,6%), Senegal (14,4%) en Ghana (11,5%). De bruto-investeringen in vaste activa per hoofd in West-Afrika onder de leiders: Nigeria ($1.357,1), Mauritanië ($440,4), Ivoorkust ($139,1), Senegal ($106,2) en Ghana ($79,3). De groei van de investeringen in vaste activa onder de leiders: Senegal (3,5%), Ghana (2,3%), Mauritanië (-1,9%), Nigeria (-6,8%) en Ivoorkust (-10,2%).

de jaren 1990

De bruto-investeringen in vaste activa van West-Afrika bedroeg in de jaren 1990 US$34,1 miljard per jaar, en was vergelijkbaar met Iran (US$33,8 miljard). Het aandeel in de wereld was 0,51%, en 27,8% in Afrika.

Het aandeel van de investeringen in vaste activa in het BBP van West-Afrika was 30,4% in de jaren 1990, en was vergelijkbaar met Tsjechië (30,4%), Japan (30,4%), de Turks- en Caicoseilanden (30,3%).

De bruto-investeringen in vaste activa per hoofd in West-Afrika was $167,7 in de jaren 1990s, en was vergelijkbaar met Djibouti (US$168,4), Nicaragua (US$166,6), de Salomonseilanden (US$164,7). De bruto-investeringen in vaste activa per hoofd in West-Afrika was in 7,1 keer lager dan de investeringen in vaste activa per hoofd van de bevolking in de wereld ($1.183,8), en was 3,2% lager dan de investeringen in vaste activa per hoofd van de bevolking in Afrika ($1.183,8).

De groei van de investeringen in vaste activa in West-Afrika bedroeg 3% in de jaren 1990, en was vergelijkbaar met de Filipijnen (3,0%), Zimbabwe (3,0%), Noorwegen (3,0%). De groei van de investeringen in vaste activa in West-Afrika (3,0%) was groter dan de groei van de investeringen in vaste activa in de wereld (2,8%), was minder dan de groei van de investeringen in vaste activa in Afrika (3,2%).

Vergelijking met subregio's. De bruto-investeringen in vaste activa van West-Afrika was groter dan in Zuidelijk Afrika (US$26,1 miljard), in Oost-Afrika (US$11,3 miljard) en in Centraal-Afrika (US$7,9 miljard); maar minder dan in Noord-Afrika (US$43,2 miljard). De bruto-investeringen in vaste activa per hoofd in West-Afrika was in West-Afrika groter dan in Centraal-Afrika (US$96,4) en in Oost-Afrika (US$52,2); maar minder dan in Zuidelijk Afrika (US$559,4) en in Noord-Afrika (US$270,7). De groei van de investeringen in vaste activa in West-Afrika was groter dan in Noord-Afrika (2,6%) en in Zuidelijk Afrika (1,5%); maar minder dan in Centraal-Afrika (7,6%) en in Oost-Afrika (3,9%).

Leiders. De investeringen in vaste activa van West-Afrika in de jaren 1990 bestond uit: Nigeria (69,4%), Ghana (11,2%), Ivoorkust (3,7%), Senegal (3,5%), Mali (1,9%), en andere (10,3%). Het aandeel van de investeringen in vaste activa in BBP van de leiders: Nigeria (42,5%), Ghana (26,9%), Mali (22,1%), Senegal (17,3%) en Ivoorkust (11,1%). De investeringen in vaste activa per hoofd in West-Afrika onder de leiders: Ghana ($227,4), Nigeria ($221,7), Senegal ($140,4), Ivoorkust ($91,4) en Mali ($69,2). De groei van de investeringen in vaste activa onder de leiders: Mali (8,5%), Senegal (5,7%), Ivoorkust (5,7%), Nigeria (2,7%) en Ghana (-0,63%).

de jaren 2000

De investeringen in vaste activa van West-Afrika bedroeg in de jaren 2000 US$62,5 miljard per jaar, en was vergelijkbaar met Noorwegen (US$62,6 miljard). Het aandeel in de wereld was 0,57%, en 24,5% in Afrika.

Het aandeel van de investeringen in vaste activa in het BBP van West-Afrika was 23,4% in de jaren 2000, en was vergelijkbaar met Tunesië (23,4%), Djibouti (23,4%), Libanon (23,3%).

De investeringen in vaste activa per hoofd in West-Afrika was $235,5 in de jaren 2000s, en was vergelijkbaar met Moldavië (US$233,6), Centraal-Afrika (US$231,7). De bruto-investeringen in vaste activa per hoofd in West-Afrika was in 7,2 keer lager dan de investeringen in vaste activa per hoofd van de bevolking in de wereld ($1.690,7), en was 16,2% lager dan de investeringen in vaste activa per hoofd van de bevolking in Afrika ($1.690,7).

De groei van de investeringen in vaste activa in West-Afrika bedroeg 2.1% in de jaren 2000, en was vergelijkbaar met België (2,0%),

Spanje (2,1%). De groei van de investeringen in vaste activa in West-Afrika (2,1%) was minder dan de groei van de investeringen in vaste activa in de wereld (3,5%), was minder dan de groei van de investeringen in vaste activa in Afrika (5,6%).

Vergelijking met subregio's. De investeringen in vaste activa van West-Afrika was groter dan in Zuidelijk Afrika (US$45,8 miljard), in Oost-Afrika (US$26,3 miljard) en in Centraal-Afrika (US$25,7 miljard); maar minder dan in Noord-Afrika (US$94,3 miljard). De investeringen in vaste activa per hoofd in West-Afrika was in West-Afrika groter dan in Centraal-Afrika (US$231,7) en in Oost-Afrika (US$92,0); maar minder dan in Zuidelijk Afrika (US$842,8) en in Noord-Afrika (US$495,7). De groei van de investeringen in vaste activa in West-Afrika was minder dan in Oost-Afrika (10,1%), in Zuidelijk Afrika (7,2%), in Noord-Afrika (6,7%) en in Centraal-Afrika (5,8%).

Leiders. De investeringen in vaste activa van West-Afrika in de jaren 2000 bestond uit: Nigeria (67,8%), Ghana (13,2%), Senegal (4,0%), Ivoorkust (2,8%), Mali (2,0%), en andere (10,3%). Het aandeel van de investeringen in vaste activa in BBP van de leiders: Ghana (36,8%), Nigeria (23,6%), Senegal (22,5%), Mali (20,1%) en Ivoorkust (10,2%). De bruto-investeringen in vaste activa per hoofd in West-Afrika onder de leiders: Ghana ($382,7), Nigeria ($307,8), Senegal ($225,7), Mali ($98,2) en Ivoorkust ($95,0). De groei van de investeringen in vaste activa onder de leiders: Mali (11,3%), Ghana (11,3%), Senegal (5,3%), Nigeria (0,52%) en Ivoorkust (-0,28%).

de jaren 2010

De investeringen in vaste activa van West-Afrika bedroeg in de jaren 2010 US$120,2 miljard per jaar, en was vergelijkbaar met Iran (US$117,9 miljard). Het aandeel in de wereld was 0,63%, en 23,4% in Afrika.

Het aandeel van de investeringen in vaste activa in het BBP van West-Afrika was 18,5% in de jaren 2010, en was vergelijkbaar met Costa Rica (18,5%), Belize (18,5%), Bosnië en Herzegovina (18,6%).

De investeringen in vaste activa per hoofd in West-Afrika was $345,5 in de jaren 2010s, en was vergelijkbaar met Tanzania (US$343,1). De bruto-investeringen in vaste activa per hoofd in West-Afrika was in 7,6 keer lager dan de investeringen in vaste activa per hoofd van de bevolking in de wereld ($2.621,1), en was 21,5% lager dan de investeringen in vaste activa per hoofd van de bevolking in Afrika ($2.621,1).

De groei van de investeringen in vaste activa in West-Afrika bedroeg 2.9% in de jaren 2010, en was vergelijkbaar met Marokko (2,8%), Zuid-Korea (2,9%). De groei van de investeringen in vaste activa in West-Afrika (2,9%) was minder dan de groei van de investeringen in vaste activa in de wereld (4,1%), was minder dan de groei van de investeringen in vaste activa in Afrika (3,1%).

Vergelijking met subregio's. De investeringen in vaste activa van West-Afrika was 45,1% groter dan in Oost-Afrika (US$82,9 miljard), 53,3% groter dan in Zuidelijk Afrika (US$78,4 miljard) en 93,3% groter dan in Centraal-Afrika (US$62,2 miljard); maar 29,6% minder dan in Noord-Afrika (US$170,8 miljard). De investeringen in vaste activa per hoofd in West-Afrika was in West-Afrika60,2% groter dan in Oost-Afrika (US$215,7); maar 3,6 keer minder dan in Zuidelijk Afrika (US$1.254,8), 2,2 keer minder dan in Noord-Afrika (US$771,6) en 15,4% minder dan in Centraal-Afrika (US$408,5). De groei van de investeringen in vaste activa in West-Afrika was groter dan in Noord-Afrika (2,2%), in Zuidelijk Afrika (1,2%) en in Centraal-Afrika (-0,89%); maar minder dan in Oost-Afrika (10,4%).

Leiders. De investeringen in vaste activa van West-Afrika in de jaren 2010 bestond uit: Nigeria (61,4%), Ghana (11,9%), Ivoorkust (7,0%), Senegal (4,0%), Niger (2,6%), en andere (13,3%). Het aandeel van de investeringen in vaste activa in BBP van de leiders: Niger (29,6%), Ghana (25,3%), Senegal (24,1%), Ivoorkust (19,3%) en Nigeria (16,5%). De investeringen in vaste activa per hoofd in West-Afrika onder de leiders: Ghana ($517,2), Nigeria ($412,2), Ivoorkust ($363,1), Senegal ($330,3) en Niger ($155,5). De groei van de investeringen in vaste activa onder de leiders: Senegal (8,9%), Niger (6,4%), Nigeria (3,0%), Ghana (0,92%) en Ivoorkust (-1,3%).

www.ingramcontent.com/pod-product-compliance
Lightning Source LLC
Chambersburg PA
CBHW080858220526
45467CB00008B/2547